図解で早わかり

営業力強化の基本と手法

株式会社売上UP研究所 代表取締役
中小企業診断士
渡邉 卓

アニモ出版

この本の特徴と使い方
（序に代えて）

属人的な営業がなぜ悪いのか

「当社の営業は属人的です」「営業員が個人商店化しています」と、多くの経営者が嘆いています。属人的な営業とは、営業活動が個々の担当者のスキルや経験に強く依存している状態です。

属人的な組織だと、担当者が不在のときには顧客対応や業務ができなくなります。実際、顧客に値上げ交渉しようにも、営業部長が急に退職してしまい、過去の経緯がわからずに苦労している経営者を、筆者は知っています。

また、ある人が成果を上げても、そのスキルや成功事例が共有されていないと、組織全体のレベルアップにつながりませんし、やり方が明文化されていないために新人がなかなか育ちません。

誰でも一定レベル以上の営業力を発揮する組織へ

筆者は、経営コンサルタントの国家資格である中小企業診断士です。法人営業に強みをもつ中小企業診断士が研鑽にはげむ「営業力を科学する売上ＵＰ研究会」の代表をつとめています。当研究会では、さまざまな業種から法人営業の事例を集めて、売上ＵＰのしくみを研究しています。

その研究からわかったことは、企業が安定した売上を上げるためには、人に頼るのではなく、誰でも一定レベルの営業力を発揮できる“しくみ”が不可欠だということです。

本書では、営業力を科学することで、誰が、どのタイミングで、どこへ、どのように行動するのか「**しくみ化**」「**見える化**（可視化）」します。

属人的な営業の問題点と対策

【属人的な営業】

営業活動が個々の担当者のスキルや経験に強く依存している状態

【属人的な営業の問題点】

> 本件は○○課長が担当しており、私には対応しかねます。

> 成功事例のやり方を教えてくれないので、マネしたくてもできない。

> やり方がわからない。○○課長に毎回教えてもらうのは気をつかう。

| その人でないと営業対応や業務ができない | 人によってやり方が違い、お客様がとまどう | ある人が成果を上げても、スキルや成功事例が共有されない | 新人へのトレーニングが難しく、なかなか育たない |

【営業力を科学することにより売上ＵＰをめざす】

企業が安定した売上を上げるためには、
人に頼るのでなく、誰でも一定レベルの営業力を
発揮できるしくみが不可欠

営業力を科学することで、
誰が、どのタイミングで、どこへ、どのように行動するのか
「しくみ化」「見える化（可視化）」する

戦略、しくみ、営業行動の３階層に分けて考える

本書は、企業に対して営業する「法人営業」を対象にしています。１章で法人営業の特徴を明らかにした後、２章から７章までで、戦略、しくみ、営業行動の３階層に分けて、営業力を強化する方策を説明しています。

左ページに文章、右ページに図表を並べて１テーマを解説し、それら69テーマを７つの章に分けた構成です。各項に載せた図表には、産業機械メーカーや石油製品卸売業などの事例をふんだんに織り込んでいます。読者が使い方をイメージしやすく、そのまま使えるように工夫しています。

このあと、各章の概要を説明します。**対象**に書かれたようなお悩みを抱えた企業に最適です。これを参考にして、ご自身に関係のある章からお読みください。

＜１章＞法人営業の特徴を理解する

法人営業には多くの人が関与して、営業プロセスの流れに沿って長い時間をかけて商談が進みます。自動車や住宅などを個人へ販売する個人営業と比べながら、法人営業の特徴を解説します。

＜２章＞環境分析をもとに変化に対応する

対象
- 他社に比べて変化への対応が遅れがち
- 自社の強みが明確になっていない

ダーウィン曰く「最も強いものが生き残るのではない。最も変化に敏感なものが生き残る」。

環境分析から機会や強みを見つけて、変化にすばやく対応することが求められます。環境分析の整理のしかた、戦略に展開して自社の強みを発揮できる市場の狙い方について、解説します。

本書の構成

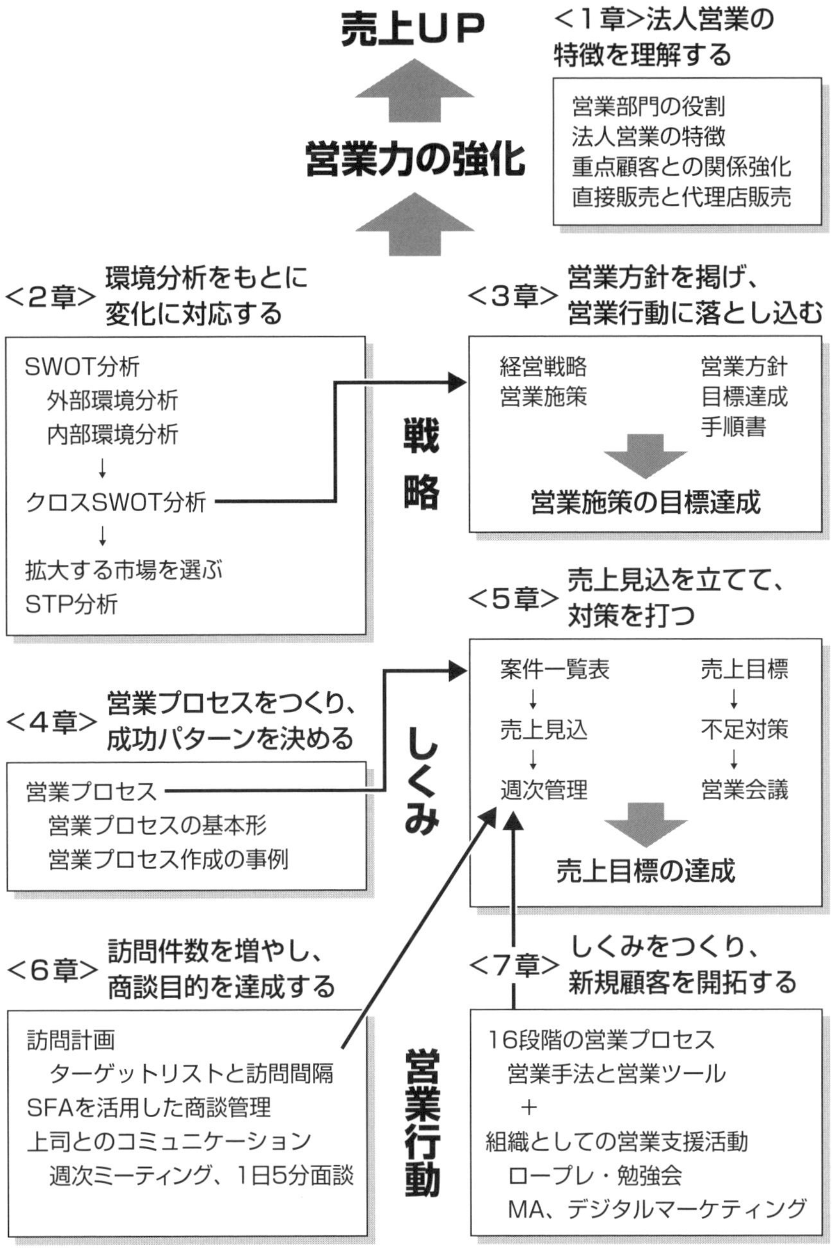
売上UP
営業力の強化
＜1章＞法人営業の特徴を理解する
営業部門の役割
法人営業の特徴
重点顧客との関係強化
直接販売と代理店販売
＜2章＞環境分析をもとに変化に対応する
SWOT分析
外部環境分析
内部環境分析
クロスSWOT分析
拡大する市場を選ぶ
STP分析
戦略
＜3章＞営業方針を掲げ、営業行動に落とし込む
経営戦略
営業施策
営業方針
目標達成
手順書
営業施策の目標達成
＜4章＞営業プロセスをつくり、成功パターンを決める
営業プロセス
営業プロセスの基本形
営業プロセス作成の事例
しくみ
＜5章＞売上見込を立てて、対策を打つ
案件一覧表
売上見込
週次管理
売上目標
不足対策
営業会議
売上目標の達成
＜6章＞訪問件数を増やし、商談目的を達成する
訪問計画
ターゲットリストと訪問間隔
SFAを活用した商談管理
上司とのコミュニケーション
週次ミーティング、1日5分面談
営業行動
＜7章＞しくみをつくり、新規顧客を開拓する
16段階の営業プロセス
営業手法と営業ツール
＋
組織としての営業支援活動
ロープレ・勉強会
MA、デジタルマーケティング

＜3章＞営業方針を掲げ、営業行動に落とし込む

対象
- 営業組織の方針や目標を作成／共有していない
- 営業のやり方は担当者任せで結果を追及していない

環境変化に合わせて営業方針を掲げ、全員が共有します。営業施策に展開して1つひとつの行動に達成基準と期限を定め、ていねいな進捗管理を通して目標を達成する。その一連の流れを、産業機械メーカーの事例を通して、具体的に紹介します。

＜4章＞営業プロセスをつくり、成功パターンを決める

対象
- 人によってやり方が違い、営業成績の差が大きい
- 若手がやり方に悩み、なかなか伸びない

受注するまでの営業活動の一連の流れを、営業プロセスとして明確にします。そうすれば誰でもできて、誰がやっても同じやり方でレベルアップできます。包装材料店の事例をご紹介します。

＜5章＞売上見込を立てて、対策を打つ

対象
- 翌月の売上見込が読めない
- 売上目標がない
- 売上が足りないことへの危機感が薄い

営業員が抱える案件を1か所に集め、ルールを決めて売上見込を立てます。売上目標に対する不足が明確になるので、短い期間でＰＤＣＡを回して売上目標を達成していきます。ここまでやるのか、と思うでしょうが、徹底して実行することで目標達成できます。

＜6章＞訪問件数を増やし、商談目的を達成する

対象
- 営業員の在社時間が長く、訪問件数が少ない
- 担当者任せで、上司の指導が足りない

訪問計画を立てて、準備を尽くして商談に臨み、商談結果を上司と担当者が共有して対策を講じれば、商談目的を達成できます。その流れを事例と図表を駆使して克明に描きます。

<７章>しくみをつくり、新規顧客を開拓する

対象 ●既存客への売上が減り続けている
●新規顧客開拓に取り組めず営業員任せ
●営業ツールや営業教育が整っていない

16段階の営業プロセスに細分化し、各プロセスの営業手法や営業ツールを明らかにします。最後に、営業教育やデジタルマーケティングなど、組織としての営業支援活動を解説します。

<章末コラム>

各章の最後にコラムがあります。実際に筆者がコンサルティングを行なうなかのシーンを中心にまとめています。本書のやり方を貴社でどのように使っていくか、参考にしていただければ幸いです。

まぐれでなく、しくみづくりで安定した売上を上げる

売上ＵＰは、それぞれの活動の成果が順々に積み上がった結果であり、短期間でいきなり売上ＵＰとはなりません。筆者が以前携わった企業の売上ＵＰストーリーを紹介しましょう。

５年以上にわたって売上が減少し続けていた印刷会社に対して、売上ＵＰをめざして提案力強化研修を複数回開催しました。研修終了から半年後になると「いままで定時に帰宅していた営業員が、増えた引合いに対して提案書をつくるために残業するようになった」、その１年半後には「長期減少していた売上が下げ止まって、とうとう上昇に転じた」といううれしい報告を受けました。つまり、対策実施から売上ＵＰまでに２年かかりました。

いきなりラッキーな受注をするのではなく、受注の前段階である引合いや提案が増えてから受注が増えました。２年もの時間をかけて営業の地力がついた結果といえます。これがしくみづくりです。

本書をヒントにして、読者の皆さまが営業力強化の基本と手法を身につけて、安定した売上を上げられることを願っています。

図解で早わかり 営業力強化の基本と手法

もくじ

2章 環境分析をもとに変化に対応する

3章 営業方針を掲げ、営業行動に落とし込む

4章 営業プロセスをつくり、成功パターンを決める

5章 売上見込を立てて、対策を打つ

6章 訪問件数を増やし、商談目的を達成する

7章 しくみをつくり、新規顧客を開拓する

カバーデザイン◎水野敬一
本文ＤＴＰ＆図版＆イラスト◎伊藤加寿美（一企画）

1章

法人営業の特徴を理解する

法人営業は業種や商品が違っていても、
やり方は驚くほど共通している。
特徴を理解することで、攻め手がわかる。

1-1

営業は売上ＵＰに取り組む中心的な役割

営業の醍醐味は顧客の購入意欲を顕在化させること

営業に近い言葉として、「**販売**」があります。販売とは、顧客が購入するつもりで店舗を訪ねてきて、販売員がその買い物に対応して支援することをいいます。百貨店、専門店など店舗を構えている業態に加えて、インターネット通販も該当します。

営業の場合は、購入意欲が顕在化していない（表面上わからない）状態の顧客に、営業員が出向いて対応するところが大きく違います。購入意欲を顕在化させる、言い換えると案件化するまでの営業活動が大変であり、営業の醍醐味でもあります。

企業活動の成果を売上としてお金を回収する

企業には、開発、製造、営業などの事業運営に直接関与するライン部署のほかに、総務、経理などの事業運営を裏方として支援するスタッフ部署があります。

営業は、顧客への訪問、提案、受注の活動に代表される「狭義の営業」を担っています。さまざまな部署が労力とお金をかけてつくり上げた企業活動の成果（商品）を顧客に提供して、売上としてお金を回収する重要な仕事です。

営業部門以外ではサービス部門も顧客に接しており、修理料金の売上を立てることがあります。「１台目はセールス（営業部門）が売り、２台目はアフターセールス（サービス部門）が販売する」という言葉があるように、営業とサービス部門が協力して顧客に対応し、顧客満足を勝ち得て、リピート受注につなげていきます。

ここから先は「広義の営業」になります。クレーム対応を含めて既存顧客との関係を維持・発展させ、新しい顧客（代理店・商社、

営業部門の役割

【営業と販売の違い】

営業	販売
顧客：購入意欲が顕在化していないことが多い	顧客：購入意欲が顕在化している
行動：営業員が出向いて、顧客に働きかける	行動：顧客が店舗を訪ねてきて、販売員が対応する

【営業部門の役割】

顧客への訪問、提案、受注

（狭義の営業）　企業活動の成果（商品）を顧客に提供して、売上としてお金を回収する

既存顧客との関係維持（クレーム対応含む）

顧客の創造・開拓

市場動向・顧客ニーズの情報収集

会社の代表として情報の発信

ユーザー企業の両方）を創造・開拓することで、顧客基盤を広げていきます。それ以外にも、市場動向や顧客ニーズを情報収集して開発部門にフィードバックして商品開発に活かしたり、企業の代表として情報を発信したりすることも営業の役割です。

本書では、狭義の営業に焦点を当てて、「営業力を強化することで売上ＵＰを図る」取り組みを中心に、解説していきます。

1-2

個人営業と比べた法人営業の特徴

買い手も売り手も多くの関係者が関与する

法人営業とは、法人（企業）が法人客に営業するB to Bの営業です。法人が個人客に営業するB to Cの個人営業と対比することで、法人営業の特徴が際立ちます。

法人営業では、経営者に加えて、価格や購買条件を交渉する購買担当者、競合品と比べて仕様や性能が適切かどうかを評価する技術者、購入後に使用する工場など、多くの関係者が購買決定に関与します。

買い手の技術者に対して、売り手の営業担当者が対応すると、技術者の質問に答えられずに信用を失ってしまいます。そこで、買い手の専門家に対応できるように、売り手は技術者やサービス部門、社長や役員のような上位役職者なども関与して、組織営業を行ないます。

一方の個人営業は、自動車や住宅をイメージするとわかりやすいですが、家族を含めても登場人物は多くありません。

多くの関係者が合意形成して購買が決まる

購買活動に関与する多くの人のなかに、購買決定に強い影響力をもつキーパーソンがいます。売り手はキーパーソンを探し当てて、人間関係を構築しながら商談を進めていきます。

購買、技術、工場などの買い手側の部門は、責任を持っている担当分野が異なります。それぞれの要求を満たすために、充実した情報提供や丁寧な打ち合わせが求められます。

多くの関係者が関与するからこそ、誰もが納得できる購買条件にまとめる必要があります。彼らが時間をかけて協議して、最終的に

法人営業と個人営業の違い

	法人営業（BtoB）	個人営業（BtoC）
買い手関係者	経営者に加えて、購買、技術、工場など多くの関係者が登場する。	個人。家族を含めても登場人物は少ない。
売り手関係者	営業担当者に加え、上位役職者、技術者、サービス部門なども関与した組織営業を行なう。	営業員単独で商談することが多い。Webやコールセンターなどが後方支援する。
商談プロセス	キーパーソンの特定や関係構築に時間がかかる。 充実した情報提供や丁寧な打ち合わせが要求される。 商談期間は長い。	意思決定者が誰なのか比較的わかりやすい。 マインドがよければ、一気に契約に至ることも多い。
購買のきっかけ	予算に沿って計画的に進める。予算がない場合は、商談が進みづらい。	予算は重要だが、マインドの占める割合が高く、予算オーバーが許容されやすい。

稟議書を回したり、会議で審議したりして決めていきます。
　一方の個人営業では、意思決定者が誰なのか比較的わかりやすく、マインド（気分）がよければ一気に契約に至ることもあります。

予算がないと商談が進展しない

　個人営業では、衝動買いをすることがあります。たとえば、キッチンのリフォームのためにショールームを見学したとしましょう。家計を握る奥さんは予算を決めていましたが、調理が楽しくなりそうな高級グレード品を触ったとたん、予算超過であってもそれを選んでしまいがちです。
　法人営業では、あらかじめ予算を決めておき、その予算の範囲内で商談が進みます。そもそも予算がないと、商談自体が進みません。

1-3

法人営業では人間関係づくりが最重要

人間関係で成約するケースは多い

商品の機能や価格、サービスの優劣において、以前と比べて企業間の違いが小さくなりました。どれを選んでも及第点以上なので、逆に決めづらくなっています。そこで「**人間関係ができているかどうか**」がいままで以上に重視されるようになりました。

人間関係を確立できていない営業員は、顧客と面談できていても、購買にかかわる大切な情報を教えてもらえません。敗戦理由を訊くと「土俵に上がれなかった」という回答の多くが該当します。

顧客は大事なテーマになるほど、そして高額な案件になるほど、信頼がおける営業員に相談します。なぜならば、法人営業の取引は商品の売買にとどまりません。商品の納入や設置、稼働後のアフターサービス対応がついて回ります。顧客としては、人間関係ができている営業員とやり取りするほうがスムーズに進むからです。

顧客との人間関係を９段階で測る

人間関係を測る尺度として「顧客との関係性レベル」を紹介しましょう。右ページ図の９段階において、下から上へ進むほど人間関係が強くなっていきます。一番下は①**未接触**であり、新規顧客開拓はここから始まります。取引先や金融機関に紹介してもらって②**接点の糸口**をつくり、顧客に初回訪問できれば③**接点段階**です。その後に情報提供を続けることで、④**窓口担当者に複数回訪問できる関係**になり、顧客に評価してもらえれば⑤**窓口担当者といつでも会える関係**にたどり着きます。

既存客とは多くの場合で、⑦**注文をもらえる関係**にあります。しかし、営業担当者が新人の場合、顧客側のキーパーソンと親密に話

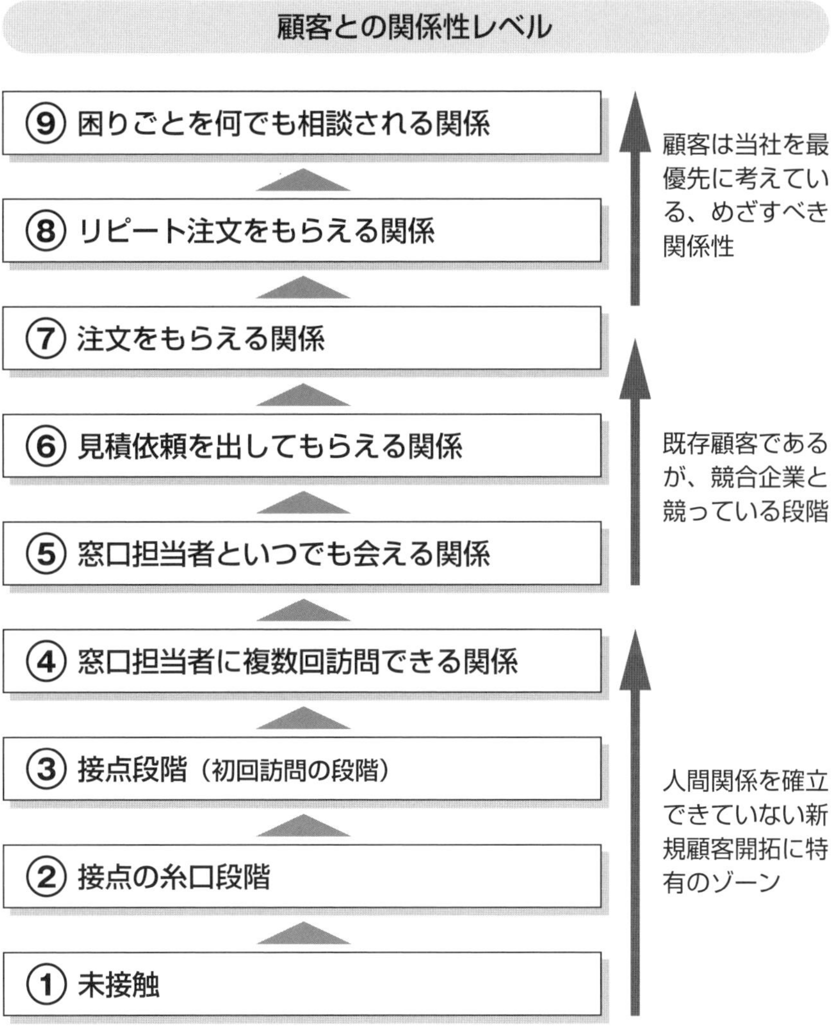

ができなくて、⑤**窓口担当者といつでも会える関係**でとどまっていることがよくあります。

こういうケースは要注意です。担当者だけでなく、上司が定期的に同行訪問したり、社長どうしで会食やゴルフに行ったりなど、複数のルートで関係を築きます。こうすることで顧客との関係性を維持でき、「土俵に上がれず不戦敗」を防ぐことができます。

1-4

重点顧客とは階層別に人間関係を強化する

買い手の専門家に対して、売り手も専門家が対応する

購買、技術、工場など多くの関係者が、購買決定に関与します。それぞれと人間関係を築いて、当社から購入することに対して賛成してもらわないといけません。

購買部門に対しては営業担当者が対応しますが、技術者には売り手の技術部門が、工場に対してはアフターサービスを担当する部門が対応します。相手は専門家なので、専門的な話ができる人が対応することで、関係を深めることができます。

組織図を入手する

買い手企業の部長が定年退職したら、その企業との関係が切れてしまうようでは、取引は長続きしません。取引を強化したい重点顧客とは、複数のキーパーソンと人間関係を築いていきます。

やり方としては、購買決定に関与する関係者を記入した組織図をつくります。買い手の組織図を入手できなければ、無人受付に置かれた部署別の内線電話表の情報が参考になります。

人間関係を見える化する

組織図を右ページ図のようにつくったら、当社からの購入に対して、賛成派（当社寄り）：○、反対派（他社寄り）：×、中立派：△に分けます。

購買課長は賛成派だが、その上司である工場長が反対派、社長は中立派とわかれば、工場長との関係改善が急務だとわかります。

売り手に社長（経営層）、部課長（管理層）、担当者の階層があるように、買い手にも階層があります。営業担当者が買い手の社長に

重点顧客との関係強化法

【人間関係の階層別見える化】

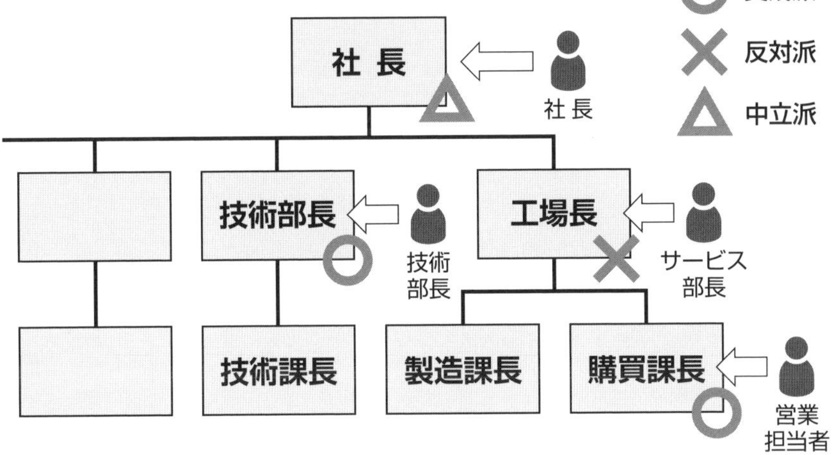

【同じ分野、同じ階層の人が対応する】

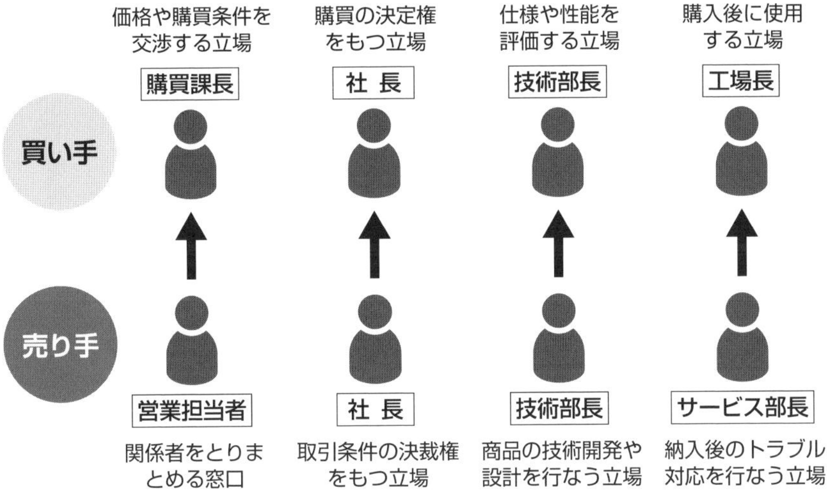

アプローチするのは難しいので、当社の社長が会食に誘う、当社のサービス部長が買い手の工場長に説明するなど、同じ分野、同じ階層どうしで複数のラインで人間関係を築くことが大切です。

1-5

直接販売と代理店販売を使い分ける

直販ではユーザーと直接、強い関係を築く

メーカーがユーザー企業へ販売するチャネルは2つあります。ちなみにユーザー企業とは、その商品を自社の工場で使用したり、自社商品に組み込んで販売したりする企業をいいます。

2つの販売チャネルとは、メーカーがユーザー企業に直接売る「**直販（直接販売）**」と、販売代理店や商社を介して販売する「**代販（代理店販売）**」です。

直販は、中間業者が介在しないため、利益を最大化できます。メーカーはユーザー企業と直接、強い関係を築いて、市場動向や顧客ニーズを早く正確に把握することで、商品開発に役立てることができます。また、メーカーが直接販売するために、ブランドイメージや価格をコントロールしやすくなります。

デメリットとしては、自前で営業員を抱える分だけ人件費や広告費など販売コストが増加します。また、新規顧客開拓やクレーム処理などあらゆる営業業務を、たとえ苦手でも担う必要があります。

代理店を活用すればターゲットの早期攻略が可能

代販は、開発や製造に特化して営業が苦手なメーカーにとって、代理店の営業力に頼って売上を獲得できて、営業員の人件費や広告費を抑えることができます。また、狙いたい業界や地域に強い代理店を活用することで、ターゲットの早期攻略が可能になります。

デメリットとしては、代理店マージンの分だけ、利益が減少します。また、代理店の意向に左右されるため、ブランドイメージや価格をコントロールするのが難しくなりますし、代理店が競合品も取り扱っていたら、不利な扱いを受ける可能性があります。

販売チャネルの違い

【販売チャネルの特徴】

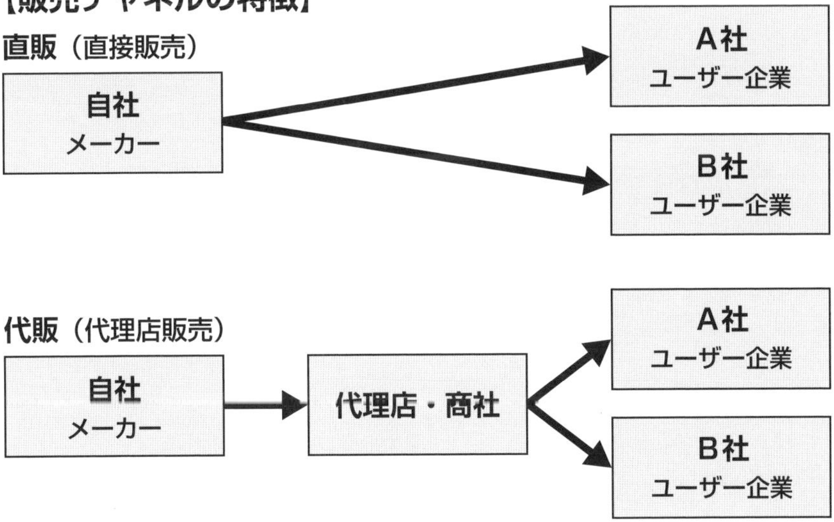

【直販と代販の比較】

	メリット	デメリット
直販	・利益の最大化（中間業者が介在しない） ・ユーザー企業と直接、強い関係を築きやすい ・市場動向や顧客ニーズを把握しやすい ・ブランドイメージや品質をコントロールしやすい	・販売コストの増加（人件費や広告費） ・新規顧客開拓やクレーム処理などあらゆる営業業務を自社で担う
代販	・代理店の営業力に頼って売上を獲得できる ・販売コストの低減（人件費や広告費） ・狙いたい業界や地域に強い代理店を活用できる	・代理店マージンにより利益の減少 ・ブランドイメージや価格のコントロールが困難 ・競合品も取り扱う代理店の場合、不利な扱いを受ける可能性がある

1-6

自社の強みを評価する顧客を見つける

代理店や商社は価格を重視しがち

「価格で負けました」——注文をとれなかった営業員がよく言う敗戦理由です。確かに、利ざやを重視する代理店や商社は、価格を優先して選びがちです。

しかし、その先のユーザー企業が必ずしも一番安い価格を求めるわけではありません。もちろん価格は安いほうがよいのですが、価格よりも優先するものがあります。

価格で選ぶユーザー企業ばかりではない

省エネ性能がウリの産業機械メーカーを例にとりましょう。この省エネ機械を評価するのは、脱炭素推進を掲げる加工食品工場のA社です。省エネ性能に劣る割安な機械を購入して使用電力量が増えることは避けたいので、多少高くても省エネ性能が優れた機械を選びます。

もちろん、価格重視の工場も多くあります。産業機械メーカーとしては、価格最優先のB社に売り込むより、省エネを求めるA社に売り込んだほうが、成約の確率は高まります。自社の強みを評価してもらえる顧客を探して、営業することが大切です。

自社の強みに適した代理店もある

代理店・商社にはいろいろな特徴があり、各社が差別化を図っています。食品業界や食品工場に強い代理店、省エネ設備の品揃えが豊富な代理店、△△地域に強い代理店、低価格を訴求する代理店などがあるなかで、自社の強みに適した代理店を選ぶことで、そういう顧客に売り込むことが可能になります。

自社の強みを評価する顧客への到達方法

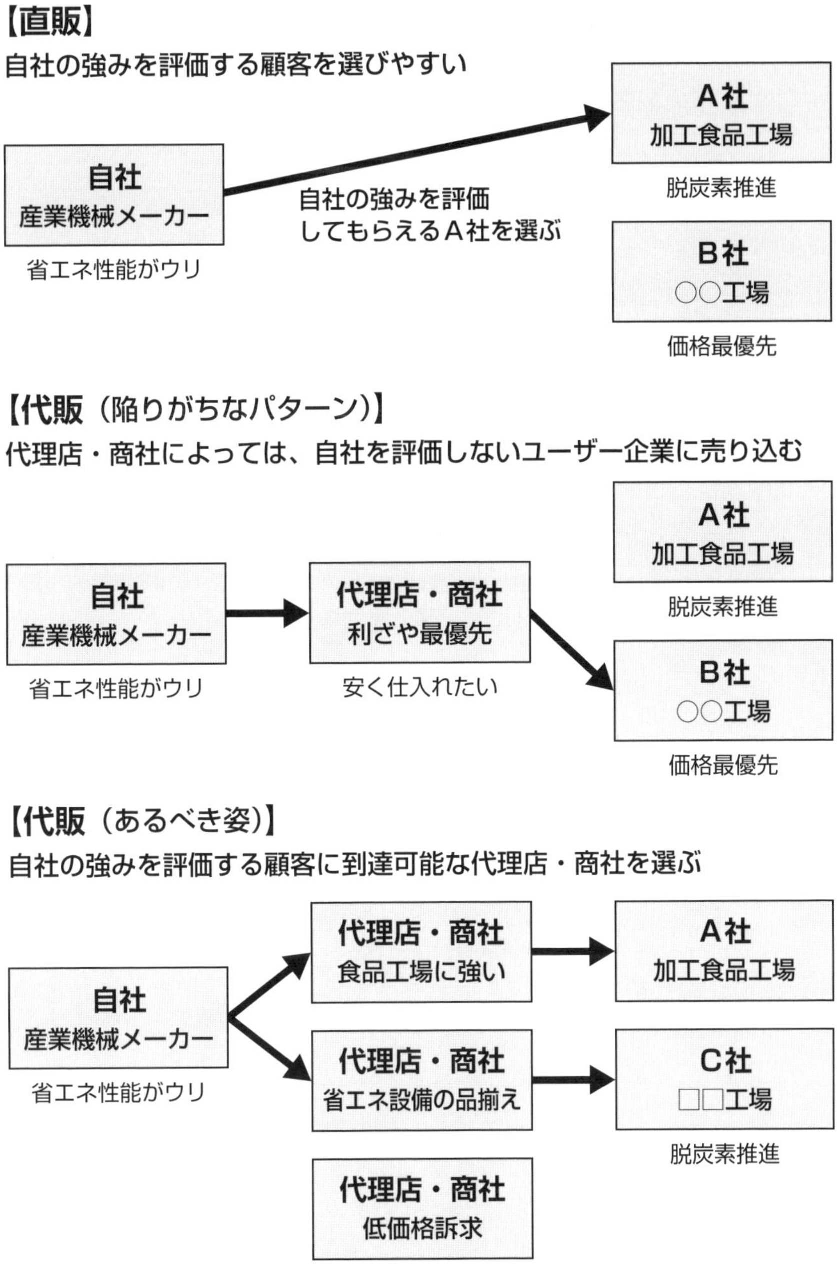

営業力強化
コラム

予算申請のための営業活動で先手をとる

法人は多くの場合、予算を確保していないと出費できません。

たとえば、202Y年3月期に支出するものは、前期の1～2月頃に計画をつくるなかで、購入予定の資産や経費の予算申請をします。資産については、その際に大まかな品名と用途、購入金額と購入月の情報を添えます。

高額な資産になると、「予算申請のための営業活動」「購入のための営業活動」の両方が必要になります。売り手は買い手と相談して大ざっぱな仕様や性能を決めて、予算を確保するための概算見積を提示します。ここで受注することはありませんが、予算の確保に関与している売り手は、有利な立場で商談を仕掛けられます。

予算獲得の重要性

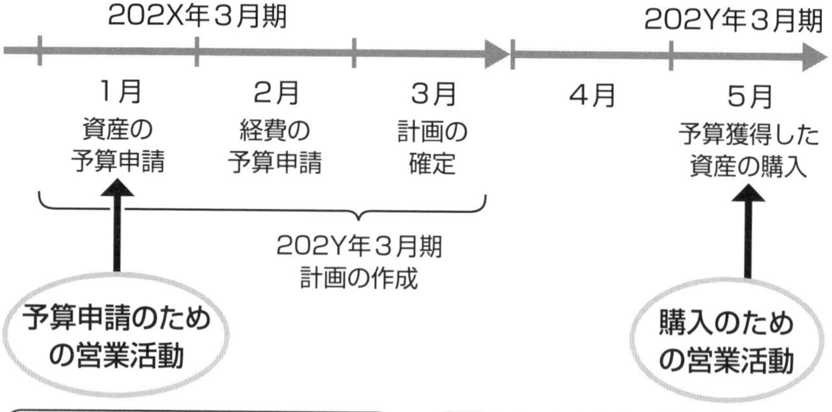

資産
建物、機械装置、車両など、高額で数年かけて使用するものは、資産として予算申請

経費
消耗品など、低額で1年以内に使い切るものは、経費として予算申請

2章

環境分析をもとに
変化に対応する

ダーウィン曰く
「最も強いものが生き残るのではない。
最も変化に敏感なものが生き残る」。
環境分析から機会や強みを見つけて、
変化にすばやく対応する。

2-1

自社をとりまく外部環境を分析する

自社の戦略を組み立てるために欠かせない環境分析

世の中は、速く大きく変化しています。たとえば、モノの値段が上がらないデフレが20年以上続きましたが、コロナ禍を経て物価や人件費が継続的に上昇するインフレに一変しました。いままで値下げで競っていたのが、インフレになれば売上原価が上がりますから、値上げ戦略が重要になります。

このように、世の中の変化に合わせて自社の戦略を最適化できるように、１年に１回、**環境分析**を行ないます。３月決算の企業であれば、１月までに環境分析を終えて、２月に分析結果を踏まえて事業計画を作成しましょう。

外部環境はマクロ環境とミクロ環境に分かれる

自社をとりまく**外部環境**は、**マクロ環境**と**ミクロ環境**に分かれます。マクロ環境とは、業界内の企業の動きと無関係に起こっていて、企業にとって統制不可能な領域です。具体的には、**政治**（Politics）、**経済**（Economy）、**社会**（Society）、**技術**（Technology）の４分野であり、その頭文字をとって**ＰＥＳＴ分析**ともいいます。

ミクロ環境は**業界環境**ともいい、**市場**、**顧客**、**競合**の分野です。インフレや人手不足のようなマクロ環境変化は、どの業界や企業にも等しく影響しますが、ミクロ環境変化は業界によって異なります。

たとえば、気候変動に端を発した脱炭素（外部環境／社会）の環境変化は、自動車業界ではＥＶ（電気自動車）へのシフト、建設・不動産業界では省エネが進んだ建築物・住宅の需要増加につながりました。右ページ図のそれぞれの項目を参照して、自社に該当する事象を抽出しながら外部環境を分析します。

外部環境の要素

【マクロ環境】

政治	法規制	法律・条例の施行・改正、個人情報保護
	政治	政策の変化、安全保障、規制緩和
経済	景気	経済成長率、インフレ、失業率
	国際問題、金利・市況	米中衝突、輸出入障壁、金利・為替・市況の変動
	経営	終身雇用の見直し、ダイバーシティ、SDGs
社会	人口動向	少子高齢化、人手不足、移民政策
	価値観・ライフスタイル	健康・安全志向、余暇の重視、テレワーク
	社会トレンド・環境問題	オンライン、非対面、気候変動、脱炭素
技術	技術革新	再生可能エネルギー、省エネ、AI、自動化
	情報技術（IT）	DX、オンライン、リモート、クラウド、セキュリティ
	生産技術	デジタル・IoTの活用、省エネ技術、短納期対応

【ミクロ環境（業界環境）】

市場	市場規模・成長性	現在需要、将来需要、普及率、市場成長率
	収益性・コスト構造	利益率、流通経路、リベート
	技術革新の動向	新技術の開発・普及動向、Eコマースの導入具合
顧客	顧客セグメント	産業・地理的変数、営業変数、状況要因変数など
	顧客ニーズ	顕在ニーズ、潜在ニーズ、未充足ニーズ
	顧客の動向	顧客の購買動向、技術動向、販売動向
競合	競合ポジション	競争の厳しさ、市場シェア動向、価格動向
	競争要因の変化	機能・品質・価格など競争要因の変化
	新規参入	新規参入者、参入の難易度、他業界との競合

2-2

自社の経営資源を内部環境分析する

ヒト、モノ、金、情報など自社の経営資源を棚卸し

内部環境分析では、企業が保有するヒト、モノ、金、情報など自社の**経営資源**（**リソース**）を棚卸しして、他社と差別化できる独自の強みを探り出します。

自社の従業員を集めて分析すると、開発スピードが遅い、営業力が弱い、など欠点ばかりが指摘されがちです。社内で当たり前と思っているようなことが、顧客から見ると強みであることが往々にしてあります。長く取引している顧客に「当社のどういうところを評価されて取引していらっしゃいますか」と訊ねると、新たな気づきを得られますし、自信につながります。

ある企業が実践したところ、顧客曰く「当社が細かいことを説明せずに注文しても、最適な仕様と納期で届けてもらえるので助かります」。これは、営業員のスキルと短納期対応力が評価されているのです。

開発・生産力、販売力、経営力に分けて分析する

右ページ図の開発・生産力の１つめは、基礎研究によって生み出される要素技術や特許、商品開発や開発スピードにかかわる**技術・開発力**。２つめが、生産品目の広さ・深さ、生産能力、コスト競争力などの**製造力**。それらを支える**生産技術力**から構成されます。

これらは顧客が購入する商品をつくる力であり、競合企業と差別化する重要な分野です。自社で製造しない卸売業やサービス業の場合は、**仕入調達力**や**サービス開発力**などに読み替えてください。

販売力の１つめの**マーケティング力**とは、さまざまな情報を収集して商品企画を行ない、デザイン、販売促進、ブランドを含めて「売

内部環境（自社経営資源）の要素

開発・生産力	技術・開発力	基礎研究、要素技術、特許、商品開発、開発スピード
	製造力	生産品目、生産能力、コスト競争力、短納期対応
	生産技術力	高品質、歩留まり、品質管理・品質保証体制
販売力	マーケティング力	情報収集、商品企画、デザイン、販売促進、ブランド
	営業力	顧客基盤、販売ネットワーク、営業員の質と数
	顧客サポート力	提案力、問い合わせ対応、アフターサービス
経営力	経営能力	経営者の資質・リーダーシップ、変化対応
	業態変革力	DX、GX、AI、リモート、脱炭素への対応
	競争力	ビジネスモデル、品揃え、市場シェア、顧客満足度
	財務力	利益率、自己資本、キャッシュフロー、資金繰り

れるしくみ」をつくる力です。販売ネットワークや営業員の質と数などの**営業力**によって、顧客に商品を届けます。

顧客に満足して購入・使用してもらうには、提案力や問い合わせ対応、使用中に不具合があればアフターサービスのような**顧客サポート力**が大切になります。

経営力は、経営者のリーダーシップや変化対応のような**経営能力**のほか、**業態変革力**、**競争力**や**財務力**から構成されます。特に最近は、ＤＸ、ＧＸ、ＡＩや脱炭素化など大きな変化が進んでいますから、自社の業態を変革する力が求められます。

2-3

営業力を診断して問題を見つける

営業現場で何が起こっているのかわからない

製造現場であれば、経営者は工場内を巡回して設備の稼働具合や各工程の不良発生率などを見れば、どこに問題があるのか予想がつきます。そこを糸口に自社の作業者が解決に着手できます。

一方、営業現場は顧客のオフィスです。営業現場で何が起こっているか見えづらく、担当者任せになりがちです。どのような問題が起こっているのか把握しづらく、どこから改善に着手すればよいかわからないために、不安がつのります。

戦略力、計画力、行動力、商談力、管理力から問題を見つける

医者が血液検査やレントゲン撮影で分析した後に治療方針を決めるように、営業においても正しい現状認識が不可欠です。筆者は、企業からコンサルティングの要望を受けた際に、「営業力を科学する売上ＵＰ研究会」が開発した**営業力診断アンケート**をすすめています。

当アンケートでは、営業力を**戦略力**、**計画力**、**行動力**、**商談力**、**管理力**の５つの評価軸に分けて、管理者と担当者のレーダーチャートで分析します。右ページ上図の分析結果からは、計画力において、管理者と担当者の**認識差異**が大きいことがわかります。さらに個々の質問内容を見ると「訪問計画を相談して作成しているか」について、管理者と担当者の認識差異が大きいことが発見できました。

右ページ下図のように、営業員の声が多く寄せられます。「訪問計画は担当者任せ」と何人もが記入しており、問題が見えてきます。このように、営業力の問題を明確にして、前項の内部環境分析に反映させることで、多面的に自社の状況が見えてきます。

営業力診断アンケートの報告書（抜粋）

【レーダーチャートの分析】

計画力において、管理者と担当者の認識差異が大きい

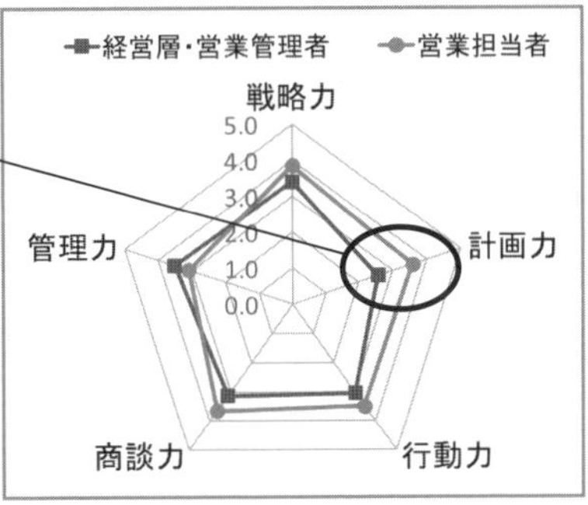

【個別質問の分析】

「訪問計画を相談して作成しているか」について、管理者と担当者の認識差異が大きい（他社平均と比べても差異が大きい）

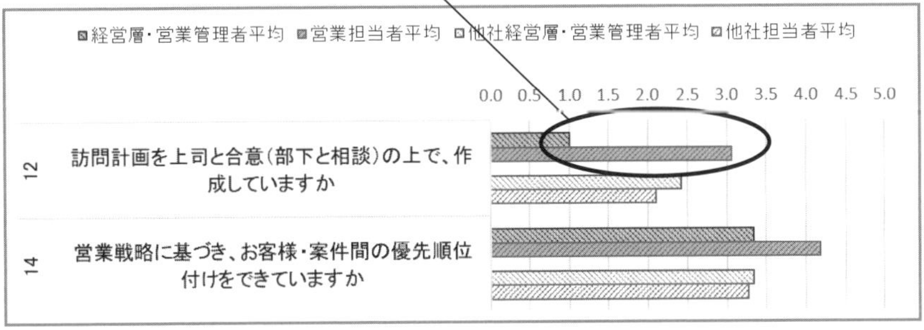

【自由記述回答（抜粋）】

【自由記述】顧客への訪問計画や訪問時の課題設定と事前準備等について、自分が実施していること、思うこと、会社としてこうすれば、もっと成果があると思うことなどを、自由に記入してください。
経営層・営業管理者
現在、取り組みを開始（各担当の訪問計画、目的を確認）。
既存顧客の訪問時、課題等については顧客の性格、次回訪問時期等は伝授する。
顧客台帳がなく、顧客ごとの戦略的なアプローチができていない。対応が一時的なもの（単発の要望やクレームへの対応）に終始し、会社の財産となっていない。営業マンの育成もOJTに限られており、ノウハウとして蓄積されていない。新人が入ってきてもうまく育成できていないと感じる。
実施していること：訪問計画は、課員が自ら決めていることがほとんどである。課員からの相談案件に指示を出している。事前準備については、案件によって指示するときと、しないときがある。思うこと：マネージャーとして課員の訪問計画、目的について月ごと、週ごとに明確にすべきと思ってはいるものの時間が取れていない。今後の課題と考えている。（後略）
営業担当
顧客対応について、ほぼ個人の裁量により行なわれているため、営業マンによる能力差が生じている（特に訪問時での対応）。全員が高いレベルであれば問題ないが、新人や異動者に対する教育体制が整っていないため、属人的な営業から抜けられない。
訪問計画および課題設定は、自分の推進時の感度、上司からの指示、同僚の意見を元に考えている。（中略）訪問計画の組み方や課題の設定のしかたについてのマニュアルは特になく、自分の経験則でやるしかないため、困ったり迷ったりしたときの基準となるような手順があると、課題の設定や準備もしやすくなると思う。

2-4 ＳＷＯＴ分析を使って環境分析結果を整理する

プラス面とマイナス面に分けるＳＷＯＴ分析

内部環境は強み（プラス面）と弱み（マイナス面）に、外部環境は機会（プラス面）と脅威（マイナス面）に仕分けします。これら４つに分類して、環境分析結果を整理する手法を、Strength（強み）、Weakness（弱み）、Opportunity（機会）、Threat（脅威）の頭文字をとって、**ＳＷＯＴ分析**といいます。

ＳＷＯＴ分析の結果は、戦略を策定する多くの人が参考にします。誰が見ても理解できるように、キーワードをふんだんに使った、箇条書きの短い文章が望まれます。右ページ上図は、ボイラー、ポンプ、コンプレッサーのような産業機械メーカーのＳＷＯＴ分析例です。

戦略立案につなげるクロスＳＷＯＴ分析

ＳＷＯＴ分析で整理した環境分析結果を、次の４つの組み合わせによって戦略立案につなげる手法が、**クロスＳＷＯＴ分析**です。

- **強み×機会…強みを活かして機会をつかむためには？**
- **強み×脅威…強みを活かして脅威の影響を抑えるためには？**
- **弱み×機会…弱みを克服しつつ機会を最大化するには？**
- **弱み×脅威…最悪のシナリオを回避するには？**

「弱み×機会」を例に、右ページ下図をつかって説明します。「営業・サービス人員の不足」の弱みを補いながら「製造業の国内回帰」という機会を狙うために、弱み×機会の戦略として「代理店・商社との連携強化」を掲げました。このようにクロスＳＷＯＴ分析では、一通り掛け合わせてみて、くまなくアイデアを抽出しましょう。

SWOT分析・クロスSWOT分析の例

（例）産業機械メーカー

【SWOT分析】

強み（Strength）	弱み（Weakness）
省エネ性能を高める技術力 熟練技能者の高い組立技術 短納期対応力 幅広い顧客基盤 高い自己資本比率	生産設備の老朽化 建設工事用途品の採算悪化 営業・サービス人員の不足 社員の高齢化 DX化の遅れ
機会（Opportunity）	**脅威（Threat）**
充実した補助金制度 円安の定着 製造業の国内回帰 SDGs・脱炭素の進展 IoT・AI技術の進化 耐久性に対する要求の高まり	資材・エネルギーコストの上昇 少子高齢化、熟練技能者の不足 気候変動、災害リスクの高まり サイバー攻撃の増加 公共工事の予算縮小 競合企業の積極的な設備投資

【クロスSWOT分析】

		機会	脅威
		製造業の国内回帰 SDGs・脱炭素の進展 IoT・AI技術の進化 耐久性に対する要求の高まり	資材・エネルギーコストの上昇 少子高齢化、熟練技能者の不足 サイバー攻撃の増加 公共工事の予算縮小
強み	省エネ性能を高める技術力 熟練技能者の高い組立技術 短納期対応力 幅広い顧客基盤	**強み×機会** 高付加価値市場へ販売強化 省エネ性能が高い新商品の上市 組立精度を高める工法の研究	**強み×脅威** 高齢者が働きやすい環境整備 社内サーバーからクラウドへ切替
弱み	生産設備の老朽化 建設工事用途品の採算悪化 営業・サービス人員の不足 社員の高齢化	**弱み×機会** 代理店・商社との連携強化 遠隔保守サービスの開始	**弱み×脅威** 全自動生産設備へ入替 低採算品の利益率向上 中途採用の強化

2-5

拡大する市場を選ぶ

市場が縮小すれば競争が厳しくなる

この先の日本は少子高齢化が続き、消費が減り、市場規模が小さくなります。大企業が海外市場に軸足を移す事例が増えていますが、それは市場規模が拡大する海外市場を狙うための戦略です。

右ページ図に６つのグラフがありますが、どれも自社が３分の１（33％）の市場シェアを有しています。右側の「規模が縮小する市場」では、全体の市場規模が500（一番下）から300（一番上）へ縮小することで、同じ33％の市場シェアを維持していても、自社の売上高は167から100へ減少します。

売上を維持しようとすると、他社のシェアを侵食するしかありません。当然、他社も応戦してきますから、価格競争が激しくなり、お互いに利益率が低下します。やがて優勝劣敗が明確になり、市場から退出する企業が増えるという過酷な市場になります。

規模が拡大する市場では売上ＵＰしやすい

逆に市場が拡大していれば、市場シェアが33％で変わらなくても、自社の売上高は増加します（右ページ図の左側）。

どの企業も売上が増えているので、他社のシェアを侵食する必要はありません。競争が起きにくいので、価格が下落しづらく利益率を維持できます。

また、新規参入の余地も多くありますから、新規市場開拓は規模が拡大する市場から着手することで、成功確率が高まります。

市場規模を維持する市場も魅力的

日本では多くの市場が縮小しているので、規模を維持する市場も

市場規模の変化による売上高の増減

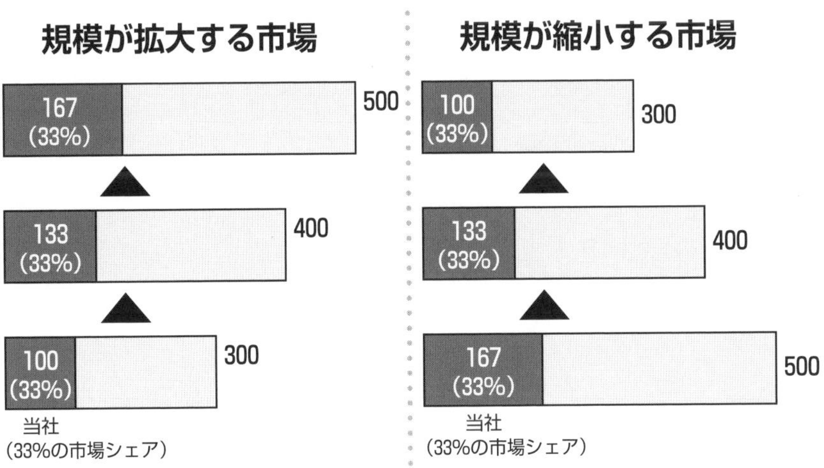

シェアを維持すれば、市場拡大に応じて、自社売上高が増える

＜結果＞
- 他社シェアを侵食する必要がない
- 価格が下落しづらい
- 新規参入余地が大きい

シェアを維持しても、市場縮小に応じて自社売上高が減少する

＜結果＞
- 売上維持のため他社シェアを侵食しようとする
- 価格競争により利益率が低下する
- 退出者が増える

相対的に貴重です。

また、国内の自動車市場のように自動車全体でみれば減少傾向にあっても、電気自動車（ＥＶ）やハイブリッド車のような環境対応車は伸びていますから、市場を細分化してセグメント別に増減を見ていきます。

外部環境／ミクロ（業界）環境のなかに、市場規模や成長性を分析する項目があります。自社の市場は拡大しているのか縮小していないか、自社がアプローチ可能な市場のなかではどこが拡大しているのか、を調査・分析していきます。

2-6 うまくヒアリングすれば顧客が教えてくれる

市場規模を数字で知りたい

規模が拡大する市場を探すためには、市場規模を調べます。自動車であれば車名別新車販売台数ランキングをみれば、その期間の販売台数が車名別にわかります。

このような資料は、自動車メーカーが申告した数字を、自動車の業界団体がまとめて発表しているから閲覧できるのです。しかし、市場規模やメーカーシェアの情報が整備されている業界はごく一部です。多くの業界ではそのようなレポートは存在しないので、独力で市場調査をしなければなりません。

数字をこちらから出してYes／Noで答えてもらう

顧客に聞き取り調査をすれば、「当たらずとも遠からず」という精度で市場規模がわかります。といっても、「年間に何台生産していますか」と数字そのものをストレートに尋ねても、社外秘情報ですから答えてはもらえません。

たとえば、顧客の年間生産台数が４万台くらいと推測している場合、少し多めの台数をあげて質問してみます。「コストダウンを検討するために、お客様の生産台数を調査しています。可能な範囲でお教えいただきたいのですが、御社では年間で５万台くらい生産しておられますか？」と問い掛けます。

顧客が「そんな立派じゃないですよ」と強い否定口調で回答したら、「業界上位におられる御社でしたら年間で４万台はあると思いますが」と再び問うと、「まあ、そんなもんですよ」と肯定口調で応じられました。この２つの回答から４万～５万台の間、おそらく４万台前半だと推定できます。

市場調査・ヒアリングの方法

【顧客の生産量を知る質問】

●よくない質問例（数字を言わせる）

年間で何台生産しておられますか？

社外秘なので勘弁してください
（ストレートに訊かないでよ）

●よい質問例（数字をあげて、Yes/Noで答えてもらう）

年間で５万台くらい生産しておられますか？

そんな立派じゃないですよ
（強い否定）

御社でしたら年間で４万台はあると思いますが…

まあ、そんなもんですよ
（肯定）

【推察】

年間４万～５万台、おそらく４万台前半と推定できる

市場シェアが高い顧客に訊けば市場規模がわかる

顧客は立場上、正確な数字を口外することはできないものの、Yes／Noなら答えやすくなります。

「コストダウンしてもらえるなら（顧客にも）メリットがあることなので協力してあげたい」という気持ちでヒントを出してもらうことができます。

ある業界が上位３社で市場の７割のシェアを有していれば、上位３社に前述のヒアリングを行なえば、業界全体の規模を推測することが可能です。

正しい答えはどこにもありません。調査会社もこのように推測して、数字を組み合わせて算出しています。

2-7

自社の強みを発揮できる市場を狙う

顧客ニーズが多様化すると役立つＳＴＰ分析

市場が成熟して顧客ニーズが多様化すると、多くの企業にとって、すべての顧客に対して等しくビジネスを展開することが困難になります。そこで、ターゲット顧客を明確にして、自社の強みを活かして集中して取り組んでいく、**ＳＴＰ分析**の考え方が重要になります。

ＳＴＰとは、**セグメンテーション**（Segmentation）、**ターゲティング**（Targeting）、**ポジショニング**（Positioning）の頭文字の略です。ＳＴＰの考え方は、**ターゲットリスト**をつくる際に参考になります（６－３項参照）。

市場を細分化して、狙う市場を具体的に描きだす

セグメンテーションでは、何らかの基準によって市場を細分化します。消費者向けでは性別、年齢、職業、所得や居住地域などで細分化しますが、企業向けでは異なります。

右ページの中段に、企業向けの市場細分化基準を示しました。ＳＷＯＴ分析で取り上げた産業機械メーカー（２－４項）を例にあげると、産業・地理的変数から業界と企業規模を、営業変数から顧客ニーズの基準を選びました。

次にターゲティングです。業界、企業規模、顧客ニーズの軸で細分化した市場のなかで、自社の強みが発揮できる市場に狙いをつけます。前述の産業機械メーカーには、ＳＷＯＴ分析の強みとして「省エネ性能を高める技術力」「短納期対応力」がありますから、「省エネニーズをもつ年商○億円以上の加工食品製造業」に狙いをつけます。新規顧客開拓を行なう場合は、このように市場を絞り込んでいくと効果的です。

STP分析の方法

【セグメンテーション】

何らかの基準で、市場を細分化する

A	B
C	D

A、B、C、Dの
4つに細分化する

市場細分化の基準
（企業向け）

（例）産業機械メーカー
産業・地理的変数
- 業界
- 企業規模

営業変数
- 顧客ニーズ

市場細分化の基準（企業向け）

①産業・地理的変数
- 産業・業界、企業規模、地理的位置

②営業変数
- 顧客ニーズ、使用頻度、顧客の能力

③購買アプローチ変数
- 購買組織、意思決定構造、購買方針、購買基準

④状況要因変数
- 緊急性、用途、注文規模

⑤人的変数
- 販売者、購買者の類似点、リスクへの態度

【ターゲティング】

細分化した市場のなかで、自社の強みを活かせる市場に狙いをつける

A	B
C	D

A、B、C、Dのうち、Aに狙いをつける

（例）産業機械メーカー
産業・地理的変数　・業界：加工食品製造
　　　　　　　　　・企業規模：年商○億円以上
営業変数　　　　　・顧客ニーズ：省エネ

【ポジショニング】

ターゲティングした市場での自社の
立ち位置を、競合と比較して明確にする

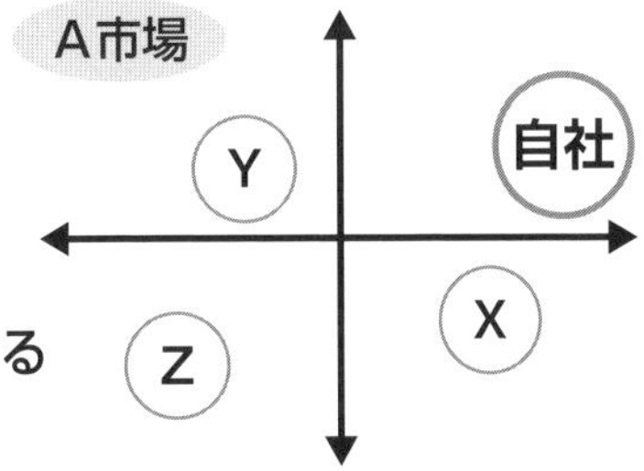

2-8 ポジショニングマップで他社と差別化する

市場や商品の特徴を表わす軸を組み合わせる

ＳＴＰ分析の３段階めは、**ポジショニング**です。競合他社との競争においてどのような違いを打ち出し、どのような点で他社より優位に立っていけるのか。戦略を決めるにあたっては、**ポジショニングマップ**の手法が有効です。

ポジショニングマップとは、数値で表わしにくい物事の特性を「感覚的に」表現するための方法で、自社の商品を競合商品との関連のなかで、どのように位置づけられるのか（ポジショニング）を図示したものです。作成方法は、縦軸と横軸を中央で交差させ、市場や商品の特徴を表わす適切な名前をそれぞれの軸に設定します。

右ページ上図では、前項で取り上げた加工食品メーカーを例に、省エネニーズ－低コストニーズ（縦軸）、短納期生産－大量生産という軸を組み合わせています。どういう軸を選ぶかで、ポジショニングマップの成否が分かれます。

自社の商品を競合商品との関連のなかで位置づける

次に、自社と競合他社をプロットしていきます。自社の位置は中心から少し右上の位置になりました。中心近くのポジションは、省エネや低コストのニーズ、短納期や大量生産のどれをとっても中途半端で、特徴が見えづらい企業になります。そこで、ＳＷＯＴ分析の強みに「省エネ性能を高める技術力」「短納期対応力」がありますから、右上の「省エネ×短納期生産」の位置を狙います。

右ページ下図は、高精度－低価格、多品種少量生産－少品種大量生産の軸を組み合わせた、工作機械メーカーの事例です。いろいろな軸を参考にして自社のＳＴＰ分析を行ないましょう。

ポジショニングマップの例

【例：加工食品メーカー】

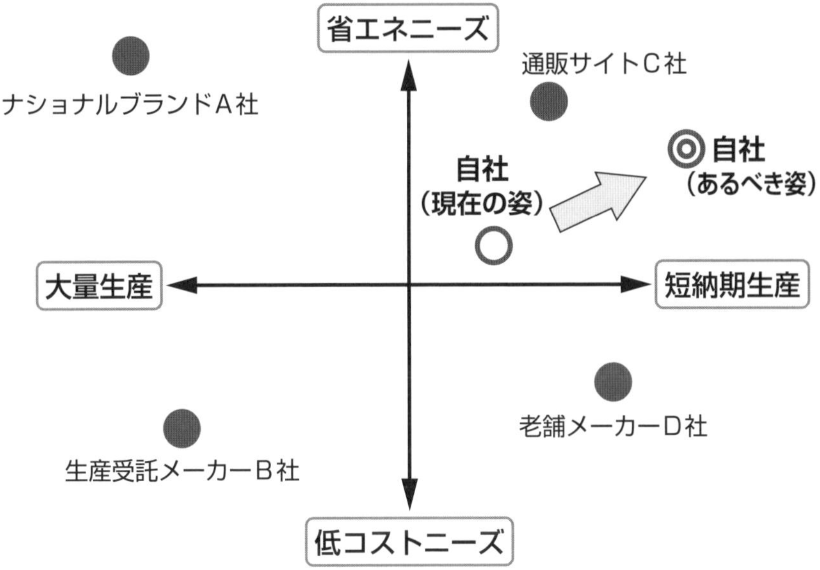

【例：工作機械メーカー】

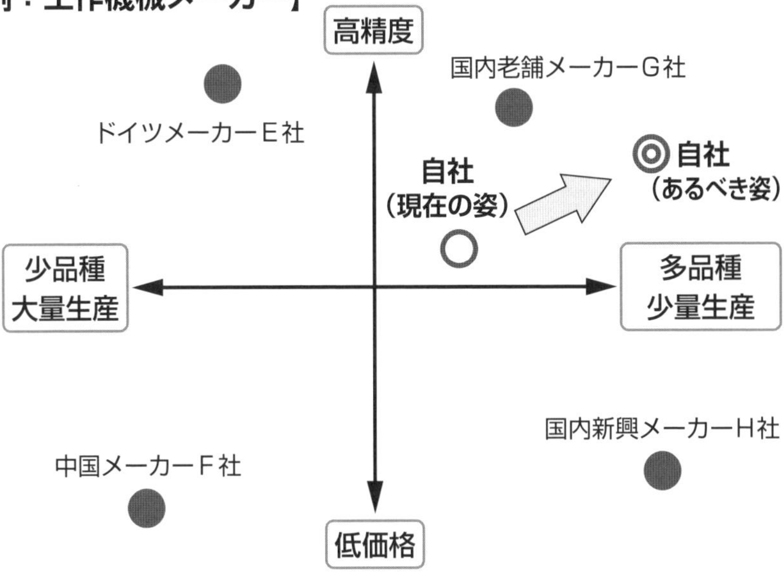

営業力強化
＋コラム

営業力簡易診断で自分のタイプを知る

自社の営業力に不安を感じたら、**営業力簡易診断**をおすすめします。誰でも無料で簡単に、約２分で自身のタイプを診断できます。下図左側のＱＲコードを読み込み、「営業力を科学する売上ＵＰ研究会」のトップページから営業力簡易診断を選びます。下図中央の画面上で10問の質問に答えると、下図右側のように戦国武将で営業力がタイプ分けされます。

ある企業からコンサルティングの問い合わせを受けた際に、初回面談前に簡易診断を受けてもらいました。社長からのメールには、「私は明智光秀タイプで、すべてに努力が足りないようです」とありました。

その会社には継続支援しています。当時はたしかに明智光秀タイプだったかもしれませんが、いまは大きく変わっておられます。自分のタイプを知ることがスタート地点です。

【営業力簡易診断画面】

（中）回答画面
（右）診断結果画面

https://sales-up.jp

「株式会社売上ＵＰ研究所」「営業力を科学する売上ＵＰ研究会」のトップページで、営業力簡易診断のバナーをクリックすると回答画面が現われます。

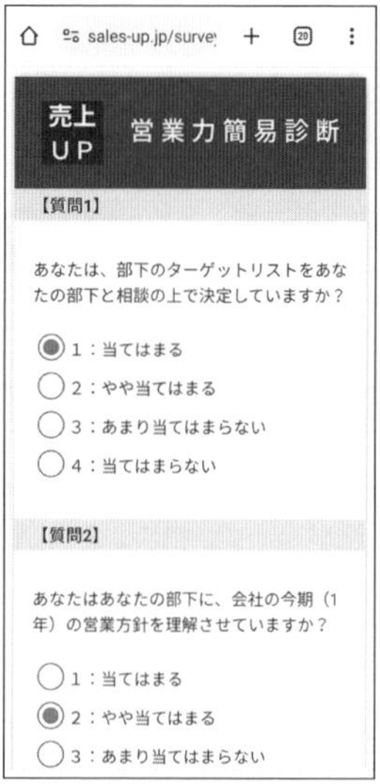

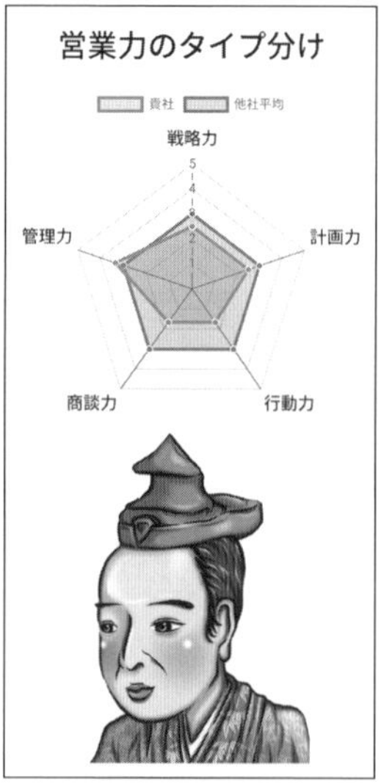

出典：営業力を科学する売上ＵＰ研究会（小川ほか営業力診断分科会）

3章

営業方針を掲げ、
営業行動に落とし込む

環境変化に合わせて営業方針を掲げ、
全員が共有する。
営業施策に展開して１つひとつの行動を決め、
進捗管理を通して目標を達成する。

3-1

経営戦略をもとに営業方針を立てる

経営戦略はビジョンを達成するための方向性を示す

環境分析をもとに**経営戦略**を作成します（**事業計画**として運用する企業もあります）。期初に従業員に説明する企業が多いですが、彼らの協力を得ながら経営戦略の実現をめざします。

経営戦略は、企業全体の売上・利益の目標数字に加えて、製造、開発、営業、人員・組織など、企業運営に必要な機能を網羅して方向性を示します。市場や営業面における記述では具体的なことには触れず、「高付加価値市場へ販売強化」のように**大きな方向性**を掲げることが一般的です。

現場に近い営業員になるほど、経営戦略に書かれた方向性から、自分が何をやればよいのか理解できないケースが出てきます。

営業方針に展開して営業活動の指針とする

経営戦略をもとに、自らの営業部門の戦略に適用した指針が**営業方針**です。複数の営業部がある場合は、たとえば、国内市場と海外市場では、市場ニーズや競合企業が違いますから、国内営業部と海外営業部がそれぞれ営業方針を立てます。

営業方針では、売上・利益、販売数やシェアなどの**定量的な目標**に加えて、既存市場深耕、新規顧客開拓、販促・広報宣伝などの**定性的な目標**を設定します。

経営戦略で掲げた「高付加価値市場へ販売強化」を、国内営業部の営業方針では「工業用途品の拡販」のように具体化すると、営業員の理解が深まります。商品・技術開発面の経営戦略「省エネ性能が高い新商品の上市」を、営業方針で「新商品の発表会」とすることで、営業部門の役割が明確になります。

経営戦略と営業方針の立て方

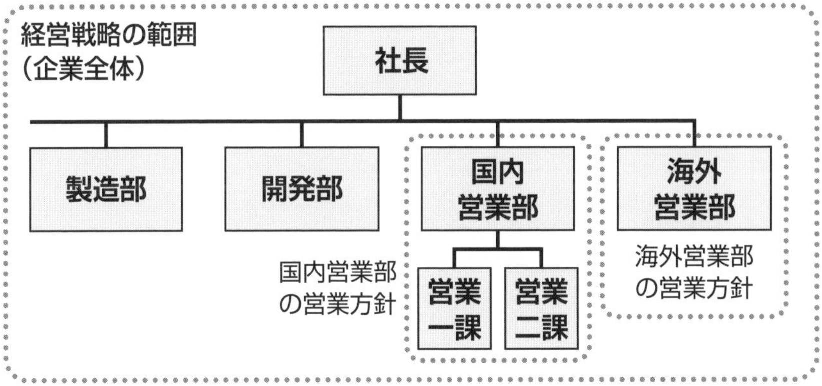

（例）産業機械メーカー

【経営戦略と営業方針】

経営戦略（企業）	営業方針（国内営業部）
（売上・利益面） 売上高　□□百万円 税引前利益　○百万円	（売上・利益面） 部門売上高　△△百万円 部門粗利　▽百万円 販売台数　○台（市場シェア○%）
（市場・営業面） 高付加価値市場へ販売強化 代理店・商社との連携強化 低採算品の利益率向上	（既存市場深耕） 工業用途品の拡販 工場に強い商社と関係強化 低採算品の利益率向上
（製造・品質保証面） 全自動生産設備へ入替 遠隔保守サービスの開始	（新規顧客開拓） CO_2排出が多い工場の開拓
（商品・技術開発面） 省エネ性能が高い新商品の上市 組立精度を高める工法の研究	（商品政策） 省エネ性能が高い新商品の発表会
（情報システム面） 社内サーバーからクラウドへ切替	（販促・広報宣伝） ◇◇買い替えキャンペーン □□□展示会に出展 ホームページによる事例紹介強化
（人員・組織面） 中途採用の強化 高齢者が働きやすい環境整備	（人材育成） ロープレ研修による若手営業員の育成

3-2 営業方針がおさえるべきポイントを理解する

既存顧客深耕と新規顧客開拓はセットで考える

営業方針をつくろう。そう決めたものの、どのような項目をおさえればよいかわからない。そこで参照していただきたいのが、**営業方針策定の視点**です（右ページ図を参照）。

大項目は５つあります。①既存市場深耕と②新規顧客開拓は、営業活動の両輪です。

①**既存市場深耕**では、市場を一くくりにせず、地域別（関東、中部など）や顧客の業種別に市場を細分化して、市場それぞれに適した方針を立てます。自社営業員による直販に加えて、代理店や商社と協業して、多面的な販売チャネルで方針を立てます。

②**新規顧客開拓**は、既存市場深耕と比べて成功確率が低い活動です。だからこそ、必ずターゲットリストをつくって、断わられてもあきらめない、訪問件数増加の取り組みを取り入れます。

③**商品政策**では、何を戦略商品にすえて拡販するのか、新商品をどのように導入するのかを考えます。製造業、卸売業、サービス業のどの業態にとっても商品政策は重要です。

④**広報宣伝・販促**では、展示会やセミナー、キャンペーンなどをイメージしがちですが、営業員に持たせる営業ツールの充実、それら情報をホームページなどで情報発信することも加えましょう。

自社に最適な営業方針の項目を考える

人手不足が慢性化するなかで力を入れたいのが、⑤**人材育成**です。特に、若手社員の能力アップは組織の営業力を底上げしますし、若手の頑張りに刺激を受けて中堅社員も奮起します。

そのほか、卸売業であれば品揃えの充実や配達が、サービス業で

営業方針策定の視点

① 既存市場深耕
地域別・業種別など市場を細分化した施策
代理店・商社との協業策
顧客との関係強化策
利益率の向上策

② 新規顧客開拓
ターゲットリストの設定
訪問件数増加の取り組み
引合受領、提案、見積、受注件数の目標設定

③ 商品政策
戦略商品の拡販
新商品の導入

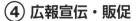

④ 広報宣伝・販促
展示会、セミナー、キャンペーン
営業ツールの充実
情報発信（ホームページ、メールマガジンなど）
デジタルマーケティングの活用

⑤ 人材育成
研修・勉強会・OJTによる若手社員の能力アップ
次世代幹部の養成

あれば店舗のリニューアルなどが加わります。

これらの視点を参考にして、自社に最適な営業方針の項目を考えていきましょう。数多くの項目がありますが、すべてを網羅する必要はありません。自社に必要だと思う項目だけを選んで、取り組みを開始しましょう。徐々に慣れるなかで、追加していきます。

3-3

対策を打つ売上構成要素を見つける

売上高を構成する要素を分解する

売上が足りない問題に対して、対策が「売上を増やす」では手の打ちようがありません。売上は結果です。売上に影響を与える要素を選んで、その数値を改善する行動を起こすことが近道です。

誰もがイメージしやすい食品スーパーを例に、売上高を構成する要素をツリー構造で示しました（右ページ上図）。「売上高＝客数×客単価」であり、客数を増やすためには、入店客数と買上げ率（入店した客が購入する比率）を高めます。買上げ率はさらに、品揃え、レイアウト、販売員に分解できます。

分解し終えたら、一番右側の要素で対策を打っていきます。顧客ニーズにあった品揃えに改良する、買い回りしやすい店内レイアウトに模様替えする、といった対策を打てば、買上げ率は高まります。そうすれば客数が増えて、売上高が増える図式です。

分解された要素に対して対策を打つ

右ページ下図の法人営業においても同様です。売上高は受注件数と受注価格に分解できます。受注件数は案件数とランクアップ率に、案件数はターゲットリストと訪問件数に分解できます。

一番右側の要素で対策を打つわけですから、代理店から情報をもらってターゲットリストの質を高める、直行直帰を増やして訪問件数を増やすことなどが対策候補です。そうすると案件数が増え、やがて受注件数も増えて売上ＵＰにつながります。

業種や商品によって売上高を構成する要素は変わってきます。自社に適した要素を考えて、ツリー構造を作成したときの一番右側の要素で対策を打ちましょう。

売上高を構成する要素

【食品スーパー】

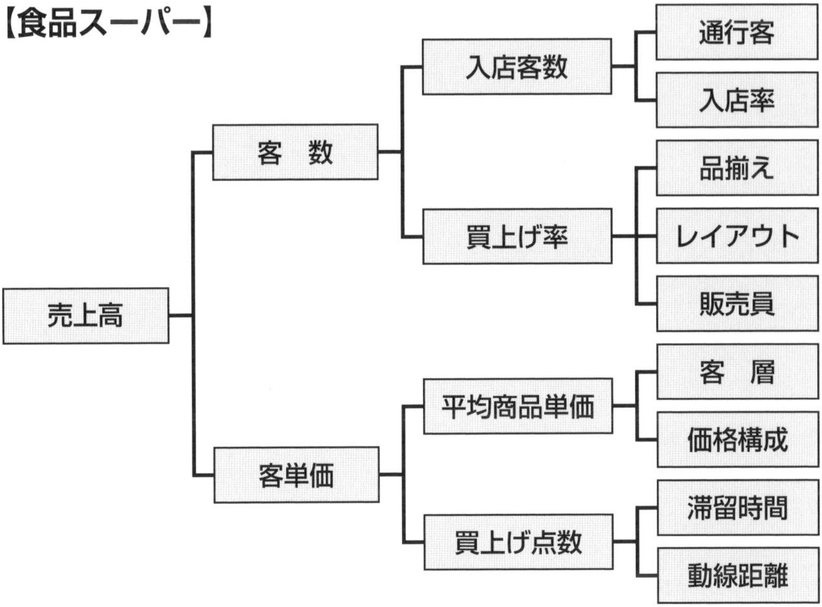

【法人営業の一例】

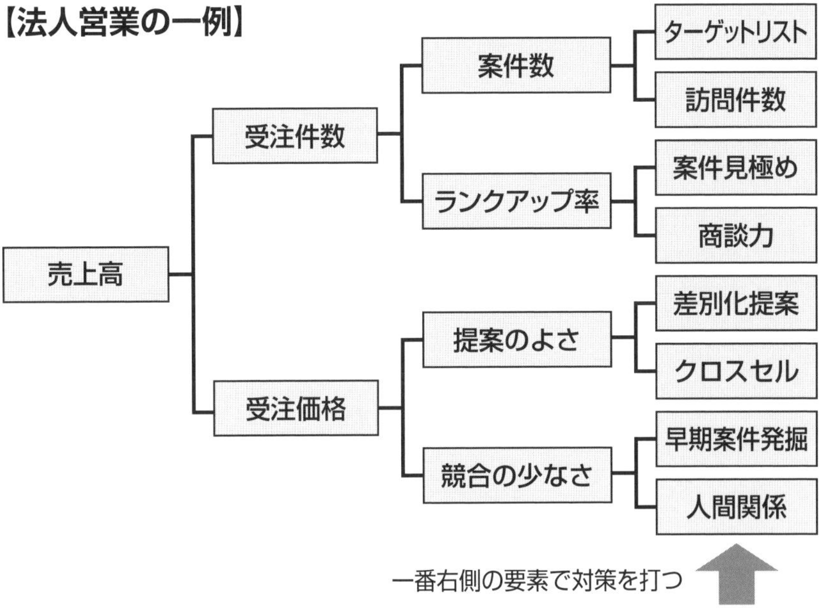

3-4

営業方針を部署別の営業施策に展開する

目的を達成するために各課に適した施策をつくる

右ページ上図の組織図をご覧ください。経営戦略は企業全体の、営業方針は国内営業部の方向性を示します。国内営業部の傘下に営業一課と営業二課があり、ここに営業員が配属されています。

国内営業部で営業方針をつくったら、課ごとに営業施策を具体化します（右ページ下表）。目的欄には「工業用途品の拡販」という営業方針を記入しています。この目的に対して、一課は食品工場を狙い、二課は成形加工工場をターゲットにしています。課によって地域や顧客の業種などが違いますから、営業施策も違ってよいのです。

国内営業部が営業方針を作成しますが、営業部が各課の営業施策までつくるのは好ましくありません。各課に“やらされ感”が出てしまうからです。

目的を達成するためには、各課の課長が自ら施策を考え出す形に仕向けます。自分が言い出したことに対しては言い訳しません。これが目標必達の原則です。

部の目標値をどのように課に分配するかは腕次第

「◇◇買い替えキャンペーン」は一課も二課も営業施策を作成しています。営業部全体の目標は10台なので、一課と二課にそれぞれ５台の目標を分配しています。

一課と二課の売上規模、営業人数、市場の景況感は同じではありません。５台ずつがよいのか、６台と４台が適切なのか、割り振り方によって課の目標が過大になれば、不公平感が生まれます。このさじ加減が実に難しいのです。

営業施策の位置づけと例

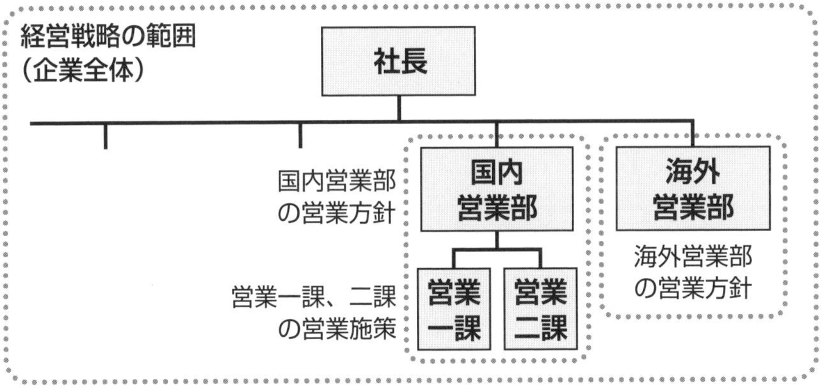

（例）産業機械メーカー

【営業施策一覧表】

目的	部署	営業施策	達成基準	期限
工業用途品の拡販	一課	商社向け勉強会の開催	勉強会開催　5回	6/15
	一課	食品工場に強い商社と関係強化	引合受領　3件	9/30
	一課	◇◇買い替えキャンペーン（競合Ｂ社装置ユーザー対象）	受注　5台	8/31
	二課	成形加工工場に強い商社と連携	代理店契約取り交わし2社	6/10
	二課	成形加工工場へ商社同行営業	同行訪問　1社/担当者	9/30
	二課	◇◇買い替えキャンペーン（競合Ｃ社装置ユーザー対象）	受注　5台	8/31
	共通	食品設備の展示会に出展	名刺獲得　500件	11/30
低採算品の利益率向上	一課	建設工事用途品の値上げ	△月出荷分から値上実施	5/31
	二課	公共工事入札物件の取引中止	代理店に申入れ　3社	4/30
	共通	不採算品目の取扱い縮小	出荷中止　15品目以上	6/30

3-5

目標は達成基準と期限を組み合わせる

誰でも評価できるように数字を用いて目標を設定する

たとえば、「◇◇買い替えキャンペーン」という営業施策を立てた場合、達成／未達成を誰でも同じように判定できるように、数字を用いて目標設定します。

目標は、「何をどのレベルまで」を表わす**達成基準**と、「いつまで」という**期限**の２つで構成されます。

【達成基準】５台を受注する
【期　　限】８月31日

なおこの場合、期限は「８月末」と書かず、日付で特定します。期限を過ぎた９月１日の朝に５台受注しているかどうかで一目瞭然になるからです。

達成基準の選び方

期限は日時で示すのでわかりやすいですが、達成基準はいろいろな要素から選べます。

売上に直結する達成基準としては、受注台数（件数、数量、金額）や売上台数（件数、数量、金額）などがあります。そして、粗利額や粗利率のような利益も選択肢になります。

行動にかかわる達成基準としては、訪問件数、チラシ配布件数、引合件数、案件数、提案件数、見積件数などがあります。

受注や売上は行動に対する結果であり、行動しているときに把握するのは困難です。行動している途中に進捗管理するためには、現場の人が数えやすいほうがよく、行動にかかわる達成基準をおすすめします。

目標の構成要素

目標 ＝ 達成基準 × 期限

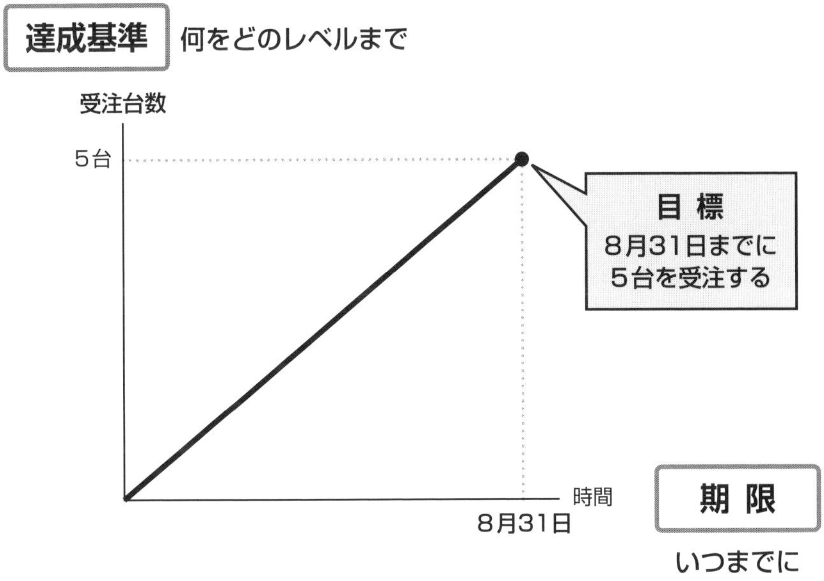

【達成基準の例】

●売上に直結する達成基準
　受注台数（件数、数量、金額)、売上台数（件数、数量、金額)、粗利額（率）など

●行動にかかわる達成基準
　訪問件数、チラシ配布件数、引合件数、
　案件数、提案件数、見積件数など

●達成基準の選び方
　途中で進捗管理できるように、現場の人が数えやすいほうがよい

【期限の工夫】

●休業日の期限を避ける
　X月31日が日曜なら、X月29日（金）を期限にする

3-6

施策の成功ストーリーを具体的に描く

施策を行動にブレイクダウンする

同じ目標を掲げても、達成できる部署と達成できない部署に分かれます。達成できる部署は、いままでの経験をもとに、目標に至るまでの道筋を描いて、行動に展開できます。逆に、達成できない部署は、いつ、どういう行動が必要なのかをイメージできません。

では、次の施策を例に**行動計画**を考えてみましょう。なお、計画を作成している現時点は、５月20日頃をイメージしてください。

施策：◇◇買い替えキャンペーン
目標：８月31日までに５台受注（６月１日から活動開始）

目標を達成するためにどのような行動が必要なのか、営業部のなかで意見を出し合うところから始めます。「キャンペーンの特典を準備する」「各自が担当先を訪問して説明する」などのアイデアが出ました（右ページ図のⅠ）。

行動が不十分な箇所に対策を追加する

ここまでは、達成できない部署でも思いつきます。達成できる部署では、「チラシがあったほうがキャンペーンの内容を説明しやすい」というアイデアが出て、「販売促進部に制作依頼しよう。４週間かかるらしい」と具体化します。

チラシの制作は、所要時間が長い（４週間）ことに加えて、自部署ではできず他力に頼る行動なので、要注意です。早めに特定して対応しましょう。その他にも多くの意見が出て、行動が不十分な箇所に、対策を追加していきました（右ページ図のⅡ）。

施策を具体化するアイデア発想法

【施策】

施策：◇◇買い替えキャンペーン
目標：8月31日までに5台受注（6月1日から活動開始）

Ⅰ　キャンペーン成功に必要な行動を営業部で意見を出す

キャンペーンの特典を準備する（例：5%の値引き）	営業会議でキャンペーンの内容を説明する	各自が担当先を訪問して説明する

Ⅱ　行動が不十分な箇所に、対策を追加する

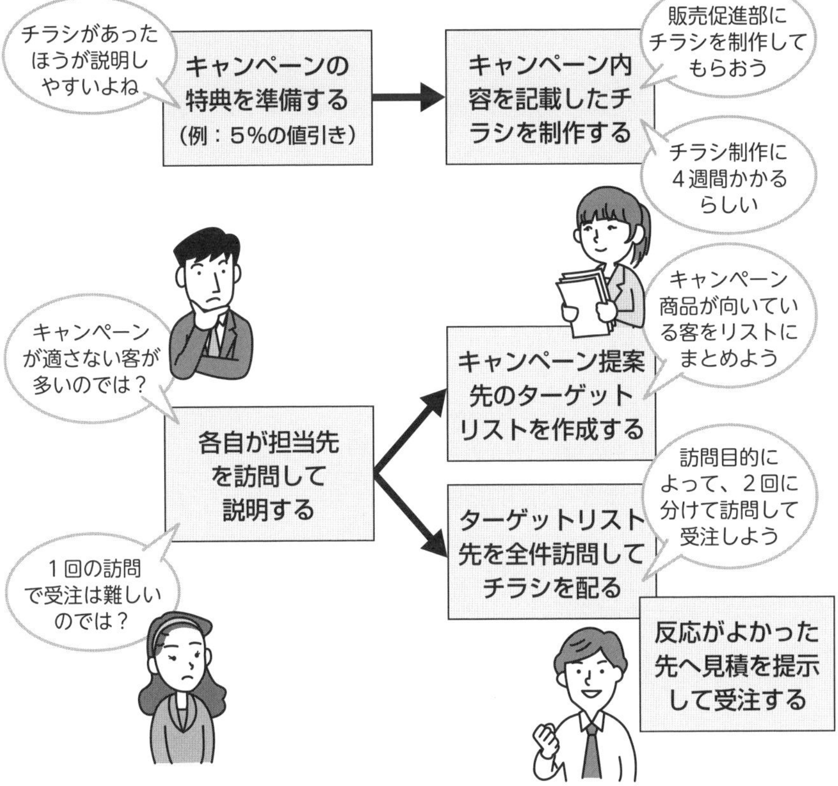

チラシがあったほうが説明しやすいよね
キャンペーンの特典を準備する（例：5%の値引き）
キャンペーン内容を記載したチラシを制作する
販売促進部にチラシを制作してもらおう
チラシ制作に4週間かかるらしい
キャンペーンが適さない客が多いのでは？
キャンペーン商品が向いている客をリストにまとめよう
各自が担当先を訪問して説明する
キャンペーン提案先のターゲットリストを作成する
ターゲットリスト先を全件訪問してチラシを配る
訪問目的によって、2回に分けて訪問して受注しよう
1回の訪問で受注は難しいのでは？
反応がよかった先へ見積を提示して受注する

3-7

誰でも行動できるように目標達成手順書にまとめる

行動の順序と所要時間を考えて、行動計画にまとめる

前項で抽出した行動について、所要期間を見積もり、チラシ制作とターゲットリスト作成のように、同時並行できる行動を検討して、**行動計画**をまとめていきます（右ページ図のⅢ）。

この手順を自然に思いつくかというと、実はかなり難しいのです。おすすめするやり方は「目標達成手順書」の作成です。

達成基準と期限を備えた目標達成手順書を作成する

目標達成手順書とは、施策で掲げた目標を達成するために必要な項目を網羅した手順書です。右ページ図のⅣがその記載例です。

施策名に続いて、目的を書き入れます。ここには、営業方針に掲げた「工業用途品の拡販」が入ります。どの施策でも「売上ＵＰ」と入れるケースが見受けられます。たしかに、最終目的は売上ＵＰなのですが、「売上高を構成する要素（３－３項)」を参考にして、何のために行なう施策なのか、目的意識をしっかりもちましょう。

対象顧客に続いて、**達成基準**（５台受注）と**期限**（８月31日まで）を組み合わせた**目標**を記載します。

キャンペーンの特典などがあれば、提案・条件の欄に記載し、営業員に持たせる営業ツールを準備物の欄に記入します。

行動計画欄には、Ⅲで作成した行動計画を達成基準と期限に分けて転記していきます。達成できる部署は頭のなかで手順が思い浮かぶのですが、達成できない部署こそ、手順書の項目を埋めることで、目標達成の可能性が高くなります。

目標達成手順書の作成例

Ⅲ　行動の順序と所要時間を考えて、行動計画をまとめる

所要時間が長い行動を特定すると、行動の順序が決まる。

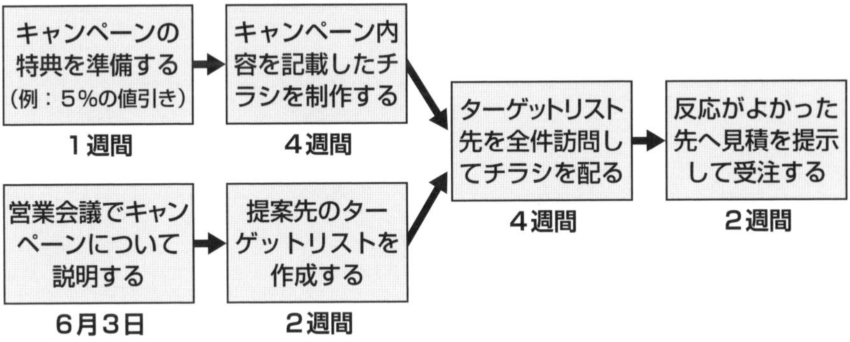
キャンペーンの特典を準備する（例：5％の値引き）
1週間
キャンペーン内容を記載したチラシを制作する
4週間
営業会議でキャンペーンについて説明する
6月3日
提案先のターゲットリストを作成する
2週間
ターゲットリスト先を全件訪問してチラシを配る
4週間
反応がよかった先へ見積を提示して受注する
2週間

Ⅳ　達成基準と期限が備わった目標達成手順書を作成する

施策名	◇◇買い替えキャンペーン	
目的	工業用途品の拡販	
対象	競合Ｂ社装置ユーザー100社	
目標	8/31までに5台受注	
提案・条件	8/31までの受注に対して、特別値引き5％（最大10台） △△オプションの無償追加	
準備物	商品説明カタログ 買い替えキャンペーンチラシ	
行動計画	達成基準	期限
	キャンペーンの特典を準備する（例：5％の値引き）	5/27
	営業会議でキャンペーンについて説明する	6/3
	提案先のターゲットリストを作成する　100社	6/25
	キャンペーン内容を記載したチラシを制作する	6/28
	ターゲットリスト先を全件訪問してチラシを配る　100社	7/31
	反応がよかった先へ見積を提示して受注する　5台	8/31

営業力強化
➕コラム

目的と手段の関係を理解する

全国を７つの地域に分けて営業する卸売業の事例です。営業所別にみると、成績がよい４か所と苦労している３か所に分かれます。営業所によって取り組む営業施策が違い、管理のレベルもまちまちです。

３－６項で説明したように、目標を達成できない部署は、いつ、どういう行動が必要なのかをイメージできません。そこで、**目標達成手順書**を導入しています。導入当初に各営業所が記入した目標達成手順書を見ると、目的欄の多くが「売上拡大」になっていました。

３章では、経営戦略を営業方針、営業施策、行動へとブレイクダウンしていますが、同社には営業方針に相当するものが明文化されていません。営業所長にとっては、自分が参考にすべき営業方針がないので、営業施策をつくる際に目的意識が薄くなり、目的欄に「売上ＵＰ」と書いてしまうようです。

そこで、３－３項「売上高を構成する要素」において、「目的はどれで手段はどれか」と考えていくと、２つ並んでいる左側が目的であり、右側が手段になります。「案件数」を増やすために「ターゲットリスト」を運用する、「受注件数」を増やすために「ランクアップ率」を高める、といった具合です。目的がどれで手段はどれか、しっかり考えましょう。

「２－６－２の法則」でいうと、「優秀な上位２割」は無意識に頭のなかで営業施策を行動計画へ展開できます。「ふつうの中位６割」ができるように目標達成手順書を用います。流れに沿って考えられるようになり、空欄を埋めることでモレを防ぎます。

4章

営業プロセスをつくり、成功パターンを決める

受注するまでの営業活動の一連の流れを、
営業プロセスとして明確にする。
誰でもできて、誰がやっても同じやり方で
レベルアップする。

4-1 営業プロセスはなぜ必要なのか

営業プロセスとは

営業プロセスとは、訪問して情報提供を重ねて、提案、見積提示を経て受注するまでの営業活動の一連の流れをいいます。

属人的な営業では、人によってやり方が違い、営業成績の差が大きくなりがちです。そこで、優秀な営業員の手法を参考にして、成功確率が高い営業プロセスをつくっておけば、誰でもできて、誰がやっても同じやり方で効率が高まり、受注までの手間や時間を減らせます。客にとってもスムーズな取引によって満足度が高まり、企業に対する信頼度が上がります。

営業活動の進捗具合を測るモノサシ

「今月の売上は足りているか」「受注できませんでした」という上司と営業員の問答は、売上という結果しか見ていません。「訪問・情報提供⇒提案・プレゼン⇒見積提示⇒受注」の流れで営業プロセスが進むのであれば、提案や見積提示を飛び越えて「いきなり受注はありえない」のが法人営業の鉄則です。

いままでは、受注以外に営業活動の進捗具合を測るモノサシはありませんでした。営業プロセスに沿って考えれば、「○月の見積提示件数はAさんが3件、Bさんが1件」のように、受注手前の営業活動の進捗具合いを測定できるようになります。

さらに、営業会議やグループウェアのような情報共有基盤を活用することで、チーム全体で情報を共有しやすくなります。

新人が早く定着できる組織をめざす

新人が見よう見まねで営業のコツを習得していたのが、営業の手

営業プロセスの効果

【営業プロセス】

訪問して情報提供を重ねて、提案、見積提示を経て受注するまでの営業活動の一連の流れ

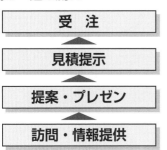

受注
▲
見積提示
▲
提案・プレゼン
▲
訪問・情報提供

次の営業プロセスは、
提案・プレゼンだ。
このグループウェア
にある提案書データを
使えばいいんだな。

属人的な営業の問題点	営業プロセスを取り入れる効果
その人でないと営業対応や業務ができない	**営業効率の向上** 誰でもできて、受注までの手間や時間を減らせる。
人によってやり方が違う	**営業成果の見える化** 営業員それぞれの営業活動の進捗度を測定できる。
スキルや成功事例が共有されない	**スキルや成功事例の共有化** 営業会議やグループウェアを活用し、チーム全体で情報を共有しやすくする。
新人指導が難しく、なかなか育たない	**新人トレーニングの容易化** トレーニングプログラムやマニュアルを整備しやすい。

順やマニュアルを整備することで、早く育成できる組織になります。

このように、営業プロセスを明確にすることで、営業効率の向上、営業成果の見える化、スキルや成功事例の共有化、新人トレーニングの容易化という効果が期待できます。

4-2 営業プロセスに沿って商談が進む

買い手の購買プロセスを理解する

買い手が組織的に購入を検討する以上、どのような商品であっても、似通った購買プロセスに沿って購入を進めることになります。

買い手は困りごとや課題が発生したら、売り手を探索して商品の情報収集を行ないます。続いて、集めた情報のなかからどの導入プランが適切なのか、売り手の提案を比較・検討します。

この頃には、関係する他部署を巻き込んで、さらに詳細検討を重ねます。絞り込んだ売り手候補に対して、見積提示を依頼します。

最終的には、見積や取引条件に加えて、並行して進める機能や使い勝手などの検討結果をもとに関係者の間で協議して、稟議書や会議で承認を得た後で発注します。

買い手の購買プロセスに合わせて売り手が動く

買い手の購買プロセスに合わせて、売り手の**営業プロセス**が決まります。買い手のニーズが顕在化していない頃から、営業員は定期的に**訪問**して、お奨め商品や導入事例などの**情報提供**をします。

情報提供に対して反応がよかった先や詳細情報を求める先に対して、課題を解決できるような**提案・プレゼンテーション**を行ないます。続いて、提案を前向きに評価した買い手に対して**見積提示**をして、条件交渉や**クロージング**を経て受注に至ります。

法人営業の営業プロセスは、業界や商品によって多少異なりますが、ほとんど似通っています。右ページ下図のとおり、買い手の社内で、立場が異なる関係者どうしで調整して合意形成するために、手順を追って進める必要があるからです。

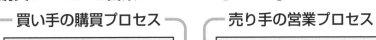

購買プロセスと営業プロセス

【購買プロセスと営業プロセスは対になる】

買い手の購買プロセス

社内協議・購買決定

見積や検討結果をもとに関係者の間で協議して、購買決定する。

見積依頼先の絞り込み

詳細検討を重ねて、絞り込んだ売り手候補に、見積提示を依頼する。

導入プランの比較・検討

集めた情報のなかから、どの導入プランが適切なのか、売り手の提案を比較・検討する。

売り手の探索・情報収集

困りごとや課題が発生したら、売り手を探索して、商品の情報収集を行なう。

売り手の営業プロセス

受　注

買い手と条件交渉やクロージングを行ない、受注する。

見積提示

提案を前向きに評価した買い手に対して、見積を提示する。

提案・プレゼン

情報提供に反応がよい買い手へ、課題を解決するための提案・プレゼンテーションを行なう。

訪問・情報提供

売り手は買い手を定期的に訪問して、お奨め商品や導入事例など情報提供する。

【買い手の社内状況】

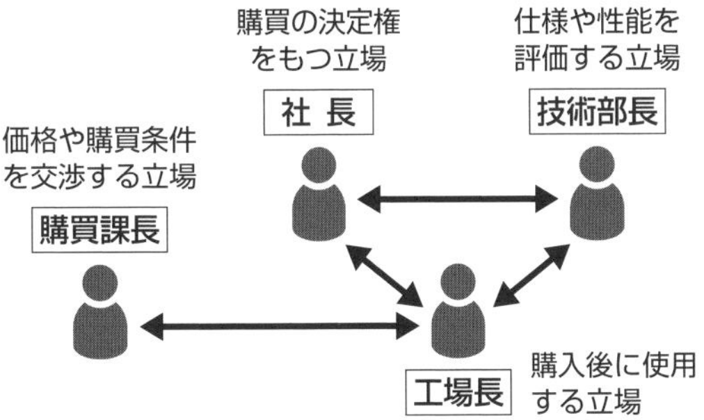

立場が異なる関係者どうしで調整して合意形成するために、手順を追って進めることになる

4-3

見積から始まる営業プロセスもある

見積から始まる営業プロセスとは

前項の４段階の営業プロセスは、売り手が自社商品を顧客へ提案・プレゼンすることが起点になって、商談が進みます。逆に、買い手が決めた仕様を開示して、候補企業から見積を募集することが起点になる「見積から始まる営業プロセス」もあります。

買い手は、価格だけの提示を求めていません。別の素材を採用したり工法を工夫したりして、品質を維持しながらコストダウンするＶＡ提案（Value Analysis）が歓迎されます。売り手が提出した価格と提案を、買い手が比較検討して購買決定する形で進みます。

商品としては、自動車部品、情報システム、建設工事のように、大手企業が頂点に立つ多重下請け構造の業種、官公需における入札などが該当します。

そのほか印刷物や消耗品などは、取引を始める際に仕入先や型番の選定に時間をかけますが、取引が始まると繰り返して購入されます。買い手がいつ仕様開示・見積依頼してくるのかわからないので、売り手は足しげく訪問して「何か御用はないでしょうか」と声をかける営業スタイルになりがちです。いわゆる**御用聞き営業**です。

見積依頼が発生する前の、常日頃の営業活動が重要

実績がモノをいう日本では、見ず知らずの企業に発注することはめったにありません。売り手は、買い手に自社工場を見学してもらったり、技術プレゼンを行なったりして、製造力や技術開発力をアピールします。買い手はそれを評価して、見積依頼先リストを常に最新化しています。見積依頼先リストに入っていなければ、見積を依頼してもらえないのです。

見積から始まる営業プロセス

買い手の購買プロセス

社内協議・購買決定

売り手の価格と提案を比較検討して、購買決定する。

仕様開示・見積募集

買い手が決めた仕様を開示し、候補企業から見積を募集する。

売り手の営業プロセス

受　注

買い手の検討状況を確認しながら、発注を待つ。

見積提示

買い手が開示した仕様に沿って見積提示。VA提案を行なうことが多い。

常日頃の営業活動によって、買い手の見積依頼先リストに入る

売り手の評価

売り手の製造力や技術開発力を評価し、見積依頼先リストを更新する。

売り手との接触・情報発信

売り手と定期的に接触し、自社の購買計画や求める技術などを伝える。

提案・プレゼン

自社工場見学、技術プレゼンなどによって、製造力や技術開発力をアピールする。

訪問・情報収集

買い手を定期訪問して、購買計画や今後の動きについて情報を集める。

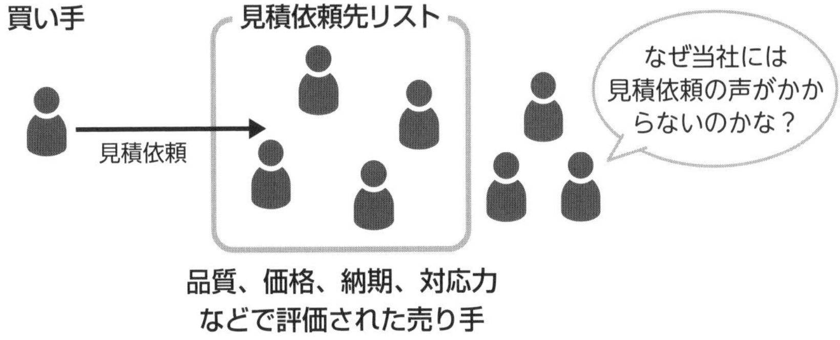
買い手
見積依頼先リスト
見積依頼
なぜ当社には
見積依頼の声がかか
らないのかな？

品質、価格、納期、対応力
などで評価された売り手

4-4

営業プロセスの基本形を理解する

進捗度ランクを用いて案件の進み具合を管理する

４－２項、４－３項で説明した営業プロセスを図示すると、三角形の**売上ＵＰピラミッド**になります（右ページ上図）。下から上へ向かって、**訪問・情報提供⇒提案・プレゼン⇒見積提示⇒受注**と進みます。

訪問して情報提供を行なった結果として引合を受領したら、その案件を引合案件として管理します。引合案件に対して提案・プレゼンを実施すれば、提案案件に**ランクアップ**していきます。

商品や業種・業態によって営業プロセスは異なりますから、この４段階の営業プロセスを基本形として、自社に適した形に修正して使います。

右ページ下表のように、**案件の進捗度**を１、２、３、４のようにランク付けして、案件の状態を定義づけて管理することをおすすめします。

実際の営業活動では、引合案件のなかには、いますぐの取引を求めていない場合が多くあります。すべてのランク１（引合案件）がランク２（提案案件）にランクアップするわけではありません。また、提案・プレゼンした後に失注したり延期になったりすれば、案件が消滅したりランクダウンすることもあります。

このように、ランクアップしない案件のほうが多いので、「引合案件数＞提案案件数＞見積案件数＞受注案件数」という関係が成り立ちます。だから、下のほうが広いピラミッドの形で表わせます。

商談が長いから営業プロセス管理を行なう

法人営業の特徴として数か月をかけて、長い場合は年単位で、営

営業プロセスの基本形と進捗度ランク

【営業プロセスの基本形】

売上UPピラミッド

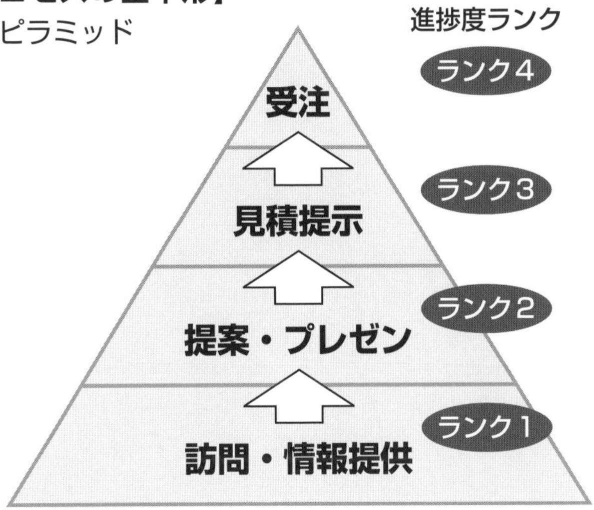

【進捗度ランクとその定義】

案件がどの程度進捗しているかを表わす

進捗度ランク	進捗度ランクの定義
4	受注案件（受注済）
3	見積案件（見積提出済）
2	提案案件（提案・プレゼン済）
1	引合案件（引合受領済）

業プロセスを1つずつクリアして受注に至ります。案件が長く続くと商談の経緯を忘れがちになるので、営業プロセス管理が必要になります。

営業プロセス管理とは、受注や売上という結果だけを評価するのではなく、そこに至る営業プロセスごとに、提案や見積を行なった案件の数や金額を見える化・定量化して、その進捗具合を見ながら営業管理を行なうことをいいます。

4-5 営業プロセスをつくると弱点が見えてくる

基本形をもとに自社に最適な営業プロセスをつくる

筆者が実際に携わった、パン屋や洋菓子店などに包装材料を納める販売店における営業プロセスの事例を紹介しましょう。

「営業員が新規開拓営業をやらない」と嘆く社長に対して、相談に乗っていました。

社長が実際に行なっている活動内容を聞くと、決まった手順で進んでいることがわかりました。その営業プロセスをホワイトボードに描いたところ、社長はみるみる笑顔になって一言、「それですよ！」。

社長が顧客先で情報交換するなかで、顧客から「こういうものがありますか」という質問を聞き出して、その現品を入手するか撮影するところから案件が始まります。これが右ページ上図の一番下の「引合情報入手」にあたります。

その後に再訪して、カタログを使って商品を紹介するカタログ提案、サンプルを見せて採用を促すサンプル提案を経て、見積提示、受注に至る営業プロセスです。

経験の浅い営業員にできないことを理解する

社長の希望は、経験が浅い営業員に、この営業プロセスどおりに取り組んでもらうことです。まず、図の一番下の引合情報をどうやれば入手できるのか考えていきますが、これが実は難しいのです。商品情報に詳しく営業トークが秀でた社長と違って、経験が浅い営業員は引合情報の入手に苦労します。

また、サンプル提案とカタログ提案がどう違うのかがわからないなど、社長の考えを営業員に浸透させる難しさに直面しました。

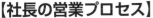

包装材料店の営業プロセス（改善前）

【社長の営業プロセス】

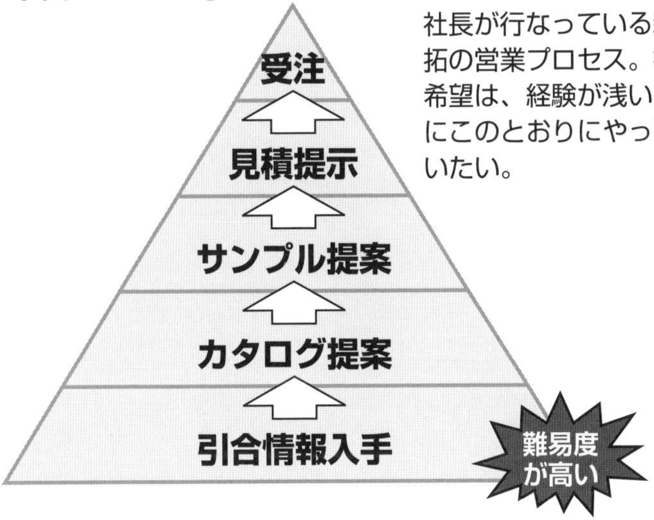

社長が行なっている新規開拓の営業プロセス。社長の希望は、経験が浅い営業員にこのとおりにやってもらいたい。

【営業プロセスを導入する難しさ】

- 経験が浅い営業員には、引合情報を入手する難易度が高い
- サンプル提案とカタログ提案がどう違うのかがわからない

これが私が実際にやっている営業プロセスです。このとおりに進めてもらえますか。
社長のように商品情報に詳しくないですし、経験が少ないので営業トークが下手です。引合情報入手のところが一番難しいです。
サンプル提案とカタログ提案がどう違うのか教えてください。
社長
経験が浅い営業員

4-6

誰でもできる営業プロセスをつくる

知識や経験が少ない営業員にもできる営業プロセス

経験が浅い営業員が引合情報をもらうためには、どのような行動をすればよいのでしょうか。

討議した結果、チラシ配布を思いつきました。「口下手でもチラシをお渡しすれば、それを読んだ顧客から、掲載商品について何か言葉をかけてもらえるだろう」と。引合情報入手プロセスの下に情報提供のプロセスを加えました（右ページ上図）。

大事なことは、商品知識が不足していても、経験が少なくて営業トークが上手でなくても、誰でも情報提供をできるようなしくみをつくることです。そこで、商品知識に詳しいスタッフの協力を得て、お役立ち情報を載せたチラシを定期的に制作して、営業員が配る取り組みを始めました。

誰でもわかるように営業プロセスを定義づける

もう1つ、サンプル提案とカタログ提案の違いがわからない、という問題がありました。サンプル提案とは「サンプルを見せて採用を促す」行動だと定義づけました（右ページ下表）。そうすると誰もが、何から始めて、次に何をやればよいのかがわかります。

営業活動の成果を見える化するためにも、活動の状況を誰が数えても同じ件数になることが欠かせません。営業プロセスの各段階を定義づけることで、営業員が共通の尺度で考えられるようになります。

すると、「今月のサンプル提案件数は○件」のように、誰が数えても同じ件数になり、社長と営業員が同じ認識を共有できて、対策を打ちやすくなりました。

包装材料店の営業プロセス（改善後）

【営業部共通の営業プロセス】

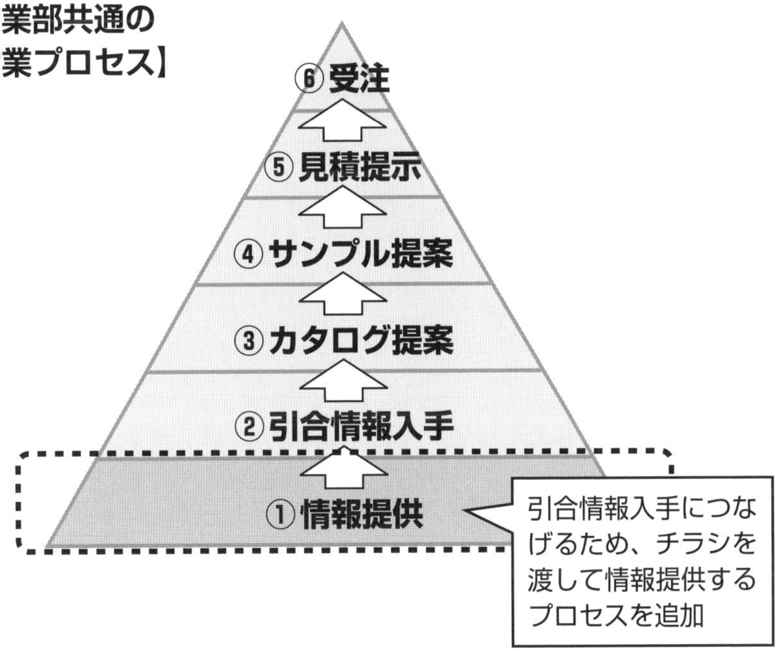

【包装材料店における進捗度ランクの定義づけ】

進捗度ランク	営業プロセス	進捗度ランクの定義
6	受注	注文をいただく
5	見積提示	価格や取引条件を提示する
4	サンプル提案	サンプルを見せて採用を促す
3	カタログ提案	カタログを使って商品を紹介する
2	引合情報入手	引合を入手する（実品の入手、対象商品の撮影など）
1	情報提供	お客様に役に立つ情報を提供する（チラシ配布など）

4-7 営業プロセスから考え出したチラシ配布活動

いつ、誰にどれくらい配るのか配布計画にまとめる

前項のとおり、チラシ配布活動に取り組むことになりました。そこで、いつ、誰に、どれくらい配るのか配布計画をつくります。

筆者が「何屋さんに配りますか」と質問すると、「パン屋さんです」と社長が即答します。どうやら社長の頭のなかには、明確にイメージができているようです。続いて「どんなパン屋さんですか」「チラシを配る範囲を決めていますか」と質問を重ねます（右ページ上図）。やりとりをまとめると、店舗から５㎞圏内の配達可能なエリアにある、平均単価200円くらいのパン屋さんに、○月の１か月間に、営業員１人当たり120枚を配る計画が固まりました。

進捗管理を怠らず、必ず目標達成する

チラシ配布活動が始まると、同社では営業員別、日にち別に配布枚数実績表をつくって社内で管理しました。筆者は、その月の16日朝に社長に問いかけました。「半月経ちました。何枚配布できたでしょうか。月末までに目標を達成できそうでしょうか」。

１か月で120枚のチラシを配るには、半月が経過した時点で60枚配布するペースが必要になります。月末に未達成だとわかっても後の祭りです。途中で遅れに気づけば、挽回が可能です。

実際に取り組んでみると、配りやすい先しか配らない、相手が留守などの理由で、月末には目標枚数に届かず！　そこで、配布期間を延長して何とか目標を達成しました。その後も、第２弾、第３弾のチラシを作成して、チラシ配布を続けました。

このように、経験が浅い人にも可能な営業プロセスをつくり、進捗管理しながら進めることで、目標達成できるようになります。

チラシ配布活動のPDCA

【活動計画】

質疑応答を繰り返して、社長の頭のなかにあるアイデアを具体化

質　問	社長の回答
(Q1) 何屋さんに配りますか	(A1) パン屋さんです
(Q2) どんなパン屋さんですか	(A2) 平均単価が200円くらいのパン屋さんです
(Q3) チラシを配る範囲を決めていますか	(A3) 店舗から5km圏内の配達可能なエリアです
(Q4) チラシはいつまでに完成しますか	(A4) 1週間後の△月30日です
(Q5) 営業員はいつから配布しますか	(A5) 翌日の○月1日から配布します
(Q6) チラシ配布期間はいつまでですか	(A6) 月末までの1か月間にします
(Q7) その1か月の間に、1人何枚配りますか	(A7) 1人120枚にします

チラシ配布計画

対　象：平均単価が200円くらいのパン屋さん
地　域：店舗から5km圏内の配達可能なエリア
期　間：○月1日～31日
配布数：1人あたり120枚

【進捗管理】

進捗管理のしくみ

- 担当者別、日にち別に配布枚数実績表を作成

筆者からの働きかけ

- 半月が経過した時点で、配布ペースを確認

【結果と挽回策】

- 月末時点で目標に届かず
- 配布期間を延長して目標達成！
- 翌月以降も、第2弾、第3弾のチラシ配布活動を継続

営業力強化
コラム

他業界の成功事例をヒントにする

ある自動車部品製造業の営業力強化コンサルティングを開始した際に、４－３項の「見積から始まる営業プロセス」の存在に気づきました。いままでも、印刷業など別の業種の経営者が、４－２項の「４段階の営業プロセス」に首をかしげる反応から薄々は気づいていました。

筆者が代表を務める「営業力を科学する売上ＵＰ研究会」でこれを取り上げると、さまざまな企業に勤める中小企業診断士が「うちもそうです」と反応しました。

では、「見積から始まる営業プロセス」の企業は、どのような状態をめざせばよいのでしょうか。研究会で意見を出し合った結果、４－３項の図表にある「見積依頼先リスト」に載るべきという結論に達しました。

顧客は「心のなかにあるベンダー評価基準」に沿って見積依頼先を決めているので、自社に対する評価基準をよい方向に変えてもらえれば、「見積依頼先リスト」に載ることができます。そのための手段が、工場見学や技術プレゼンを定期的に行なうことです。大企業になると、購買部がもっている「見積依頼先リスト」と設計部がつくるリストでは、掲載企業が違います。購買部と設計部の両方に働きかけなければいけません。

別の自動車部品製造業に勤める診断士は、「顧客担当者と仲良くなって、競合他社の見積を見せてもらい、自社が弱い（割高な）工程を見つけて、改善しています」という経験談を披露しました。

このように、法人営業の手法は、商品や業種・業態が違えども、多くの共通点があります。他業界の成功事例をヒントにすることで、いままで考えつかなかった新しい営業力強化策が見つかります。

5章

売上見込を立てて、対策を打つ

営業員が抱える案件を1か所に集め、
売上見込を立てる。
売上目標に対する不足を明確にして、
短い期間でPDCAを回して売上目標を達成する。

5-1

なぜ売上見込を立てられないのか

成り行き任せで、足りなければ社長一人で悩む

「来月の売上見込（金額または数量）がいくらになるか」答えられますか。製造業であれば、原材料を購入して工場で作業者が製造しているのに、来月に何をどのくらいつくればよいかわからないようでは、不安になります。

確定注文やフォーキャスト（顧客が提示する発注見込情報）を把握していても、それ以外は「Ａ社は期末まで発注量を減らすそうです」のような営業員の口頭説明では、具体的な売上見込を立てられません。

営業員はできる範囲で営業活動に取り組むけれども、どのくらいの売上になるかは成り行き任せ。足りなければ社長一人で悩んでしまう。そういう企業が多いのではないでしょうか。

売上見込を立てられない理由

１つめの理由は、受注する手前の状態である「案件」が見えないこと。案件の情報が営業員の頭のなかにあり、受注するまで会社に報告しないケースです。営業員が手持ち案件を開示して、「あれはどうなったか」と上司から督促されることを嫌がるからです。そして会社としても、案件を１か所にまとめて整理していません。

理由の２つめは、やり方がわからないこと。３か月前に提案した案件、２週間前に見積提示した案件などさまざまな状態の案件があって、いつどれが受注できるかわからない。そして、売上見込の計算方法がわからない、という問題があります。ここまで述べた理由は管理方法の問題であり、この５章で詳しく解説していきます。

３つめの理由は、必要性を感じないこと。経営者が売上目標をつ

売上見込を立てられない理由

管理方法	考え方
案件が見えない 案件の情報が営業員の頭のなかにある 受注するまで会社に報告しない 会社が案件を整理していない	**必要性を感じない** 売上目標をつくっていない（売上UPの意識が弱い） 売上見込の活用方法がイメージできない 売上見込をつくるメリットがわからない
やり方がわからない いつ、どの案件が受注できるかわからない 売上見込の計算方法がわからない	**営業員への遠慮** 売上目標を達成するように営業員に強くいえない 案件について詳しく訊ねると営業員が嫌な顔をする
▼ **5章**	▼ **売上ＵＰの意識を高める**

くっておらず、売上ＵＰへの意識が弱いことがあげられます。また、売上見込をつくったとしても、どのように活用すればよいかイメージできず、メリットがわからないケースもあります。

理由の４つめは、営業員への遠慮です。売上目標を達成するように営業員に強くいえない、案件について訊ねると従業員が嫌な顔をするので質問できなくなったことなどがあげられます。３つめと４つめは考え方の問題であり、売上ＵＰの意識を高めていきましょう。

5-2

売上見込をつくるには案件一覧表から

営業員の頭のなかにある案件情報を1か所に集める

「**案件**」とは、商談のなかで発生した引合情報のことで、企業によって商談、物件、件名と呼ばれることもあります。売上見込額は1つひとつの案件の積み重ねです。

営業員の頭のなかにある案件情報を1か所に集めるために、**案件一覧表**をつくることから始めます（右ページ上表）。

人によって記入する項目や基準が違うと、集計できません。そこで、案件一覧表の項目を決めます。顧客名、案件名（商品の型番などで表現）、売上金額、担当部署名と営業担当者名は必須情報です。

売上金額に加えて、粗利額（率）の欄を設けることで、売上原価を把握して粗利額や粗利率を計算するくせがつきます。結果として赤字受注を防ぎ、利益率がよくなっていきます。

進捗度ランクで案件の進み具合を示す

案件は受注前の状態なので、どれが受注できて売上に貢献し、どれが受注できないかわからない、という問題が発生します。これが売上見込を立てられない、大きな理由です。

そこで役に立つ項目が、**進捗度ランク**です。案件がどの程度進捗していて受注に近づいているかを示します。

右ページ下図のとおり、ランク４（受注済）に加えて、ランク３（見積提出済）、ランク２（提案・プレゼン済）を記入することで、案件の進捗具合を区別できるようになります。

ランク１（引合受領済）はまだ具体化していない状態なので、ランク２以上の案件を管理すれば十分です。記入件数が増える分だけ営業員の負荷が増えますので、長続きできる方法を考えましょう。

案件一覧表

【案件一覧表（例）】

顧客名	案件名	売上金額（千円）	粗利額（千円）	進捗度ランク	受注予定日	売上予定日	部署	担当者
○○産業	◎◎◎	520	101	2	7/15	10/10	営業一課	田中
□□商事	◇◇◇	510	90	3	7/20	11/5	営業三課	渡邉
△△興産	▽▽▽	530	115	2	7/31	11/20	営業二課	町田

【案件の属性（例）】

1．顧客名
2．案件名：　商品の型番、複数の集合体であれば□□システムなど
3．金額：　売上金額、粗利額
4．進捗度ランク：ランク４（受注済）、３（見積提出済）、２（提案・プレゼン済）
5．時期：　受注予定日、売上予定日
6．担当：　担当部署名、営業担当者名

【営業プロセスと進捗度ランクの関係】

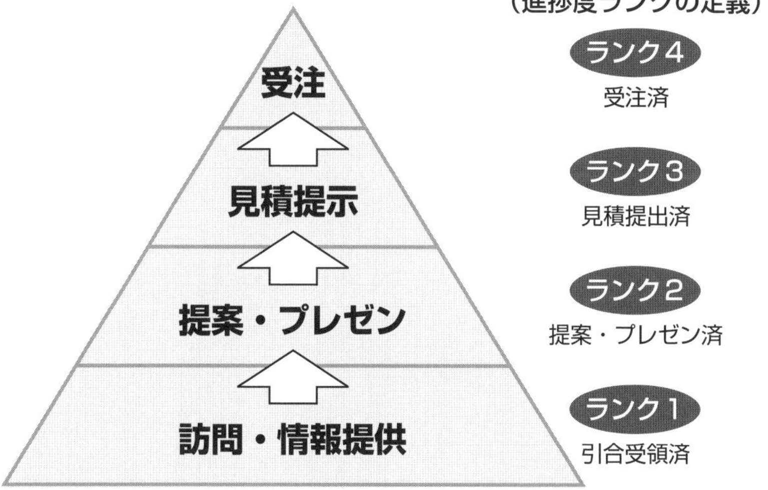

5-3 受注予定日と売上予定日を時間軸で考える

受注月と売上月が異なる

前項の案件一覧表における受注予定日と売上予定日について、詳しく解説します。手元につねに在庫があって、受注したら即出荷できる場合は、受注と売上が同じ月内におさまります。しかし、受注から出荷・売上までにかかる期間（**生産リードタイム**）が仮に２か月になれば、受注月と売上月は異なります。

その場合、いつまでに受注するのかを示す**受注予定日**、受注したものを生産していつまでに出荷・売上計上するのかを示す**売上予定日**、この２つの指標を管理します。

受注予定日と売上予定日があるということは、営業の目標として**受注金額目標**と**売上金額目標**の２つがありますが、受注金額目標を優先する企業が多いようです。

生産リードタイムを意識して売上目標を必達する

コンスタントに受注する商品であれば、あらかじめ注文量を想定して見込生産できます。見込生産によって早く納品できれば、顧客に喜ばれますし、早く売上計上できます。

一方、自動車のように、顧客の要望する色やオプション仕様の組み合わせが膨大になる場合は、受注生産になり、数か月の生産リードタイムが発生します。

生産リードタイムが２か月で、右ページ上図の場合だと２月受注・４月売上ですから、来期の売上計上になってしまいます。仮に１か月早めて１月受注・３月売上にできれば、今期の売上計上が可能です。生産リードタイムの考え方を頭に入れて受注活動を行なうことで、意図した時期に売上計上ができるようになります。

生産リードタイムの考え方

【受注月と売上月の関係】

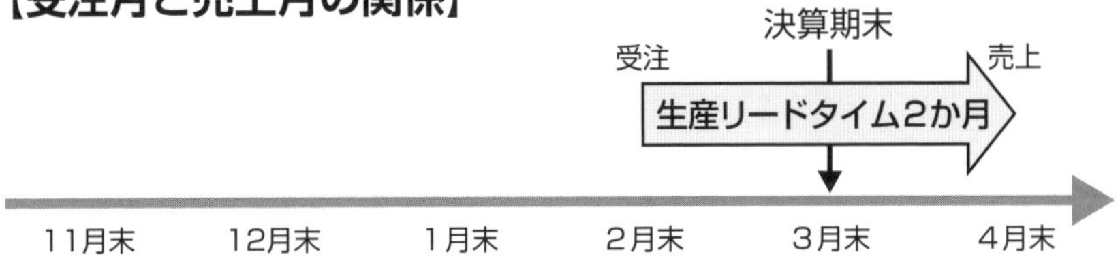
決算期末
受注
売上
生産リードタイム2か月
11月末
12月末
1月末
2月末
3月末
4月末

受注月	売上月	受注月と売上月の関係
2月	4月	2月に受注し、2か月後の4月に売上（来期の売上になる）
1月	3月	1月に受注し、2か月後の3月に売上（今期の売上になる）

（注）3月決算の場合、3月までに売り上げれば今期の売上に計上できる

【売上月から逆算した受注活動】

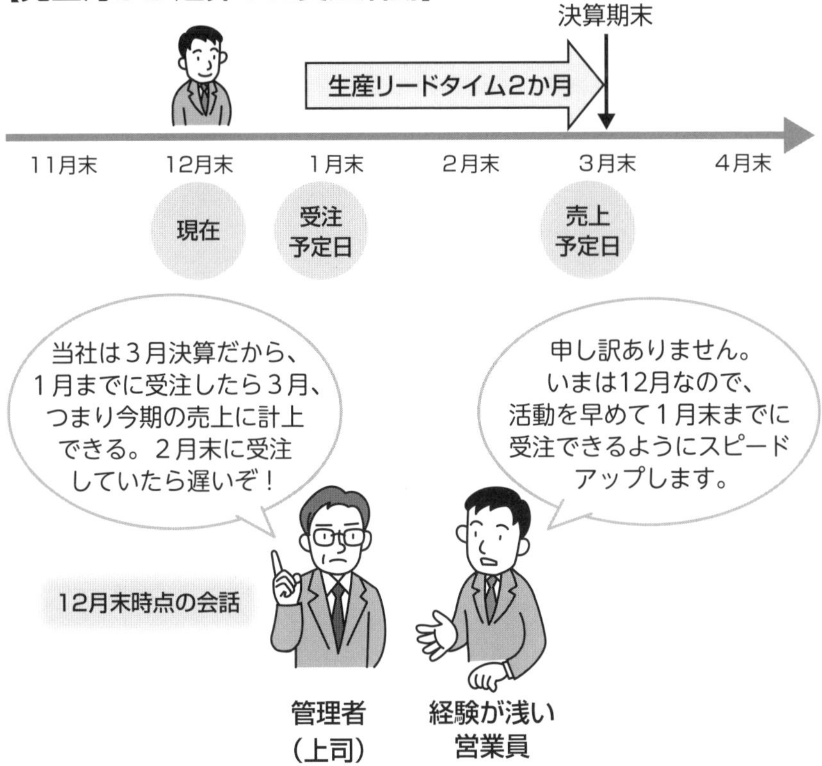
決算期末
生産リードタイム2か月
11月末
12月末
1月末
2月末
3月末
4月末
現在
受注
予定日
売上
予定日
当社は３月決算だから、
１月までに受注したら３月、
つまり今期の売上に計上
できる。２月末に受注
していたら遅いぞ！
申し訳ありません。
いまは12月なので、
活動を早めて１月末までに
受注できるようにスピード
アップします。
12月末時点の会話
管理者
（上司）
経験が浅い
営業員

5-4 営業プロセス管理から手持ち案件量を計算する

未受注案件がわかれば売上UP対策ができる

ある月の売上金額を知りたい場合は、右ページの①表のような受注管理表から1,580千円とわかります。これは多くの企業が把握している情報です。

しかし、「売上が足りない。増やせる可能性はあるのだろうか？」と検討したい場合、①表からは判断できません。これから受注できるかもしれない「未受注案件」が含まれていないからです。右ページ②表のように、進捗度ランクごとに売上見込表をつくれば、「ランク３の３件を急いでクロージングしよう」と対策を発見できます。

このように、**案件プロセス管理**によって、受注案件だけでなく、見積案件や提案案件などを含めた「手持ち案件」を見える化することで、売上見込を見通しやすくなります。

手持ち案件の絶対量を増やす

売上計上が今月になるか、来月になるかは時の運も左右します。しかし、手持ち案件を十分に抱えていないと、今月は目標達成できたとしても、来月や再来月の売上見込が立たないことになります。

ダムに大量の水が貯まっていれば、水をいつ放出するかは自在に決めることができます。しかし貯水量が少なければ、放水したいときに放水できません。売上も同様に「手持ち案件」というダムに数多くの案件を貯めて、いつ頃にどのくらいの可能性の案件が貯まっているのか「見える化」していきます。

右ページ図③は、202X年４～６月に売上予定の手持ち案件を示したグラフです。売上目標100に対して、受注済みのランク４は68。目標に対する不足は32です。しかし、ランク３と２を合わせて

手持ち案件量の見える化

【①受注管理表】

	売上見込	
	件数	額（千円）
受注済み	3	1,580

【②進捗度ランクによる売上見込表】

ランク4が足りない場合、ランクアップ候補となる案件を
ランク3以下のなかから探すことが可能

進捗度ランク	売上見込	
	件数	額（千円）
ランク4（受注案件）	3	1,580
ランク3（見積案件）	3	1,540
ランク2（提案案件）	6	3,120
ランク1（引合案件）	11	5,610

【202X年4～6月売上予定の手持ち案件グラフ】

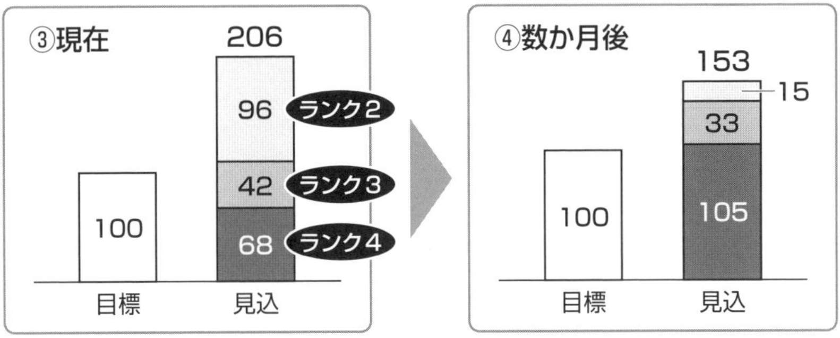

ランク4・3・2合わせて
目標の2倍をめざす

時が経過すると、ランク2・3が
決着して、ランク4が増える

138ありますから、目標達成の可能性は十分にあります。ランク3や2は延期や失注によってランク4に上がるとは限りません。数か月後には図④のように、変わってきます。

商品や業種・業態によりますが、筆者の肌感覚では、ランク4・3・2の合計が目標の2倍に到達できれば安全ゾーンだと考えています。

5-5

受注確率を○×△で仕分けする

進捗度ランクが受注確率を表わさないことがある

案件は下から上へランクアップしますが、すべてのランク１案件が受注（ランク４）できるわけではありません。また、ランクアップするスピードも、案件によって違います。

さて、次のＡ、Ｂのいずれが成約する可能性が高いでしょうか。

A）見積書を半年前に提出したが、進捗していないランク３

B）最近提案したばかりだが、購入を急いでいるランク２

進捗度ランクではＡのほうが進んでいますが、半年間もランク３でとどまる、カメのような「停滞案件」です。Ｂは近いうちに受注できそうな勢いで、ウサギのような「急浮上案件」です。進捗度ランクでは受注の確率をとらえられないケースが発生します。

受注確度で売上見込を測る

そこで必要になるのが、**受注になる確率**を示す**受注確度**という概念です。受注確度を90％、80％と10％刻みで設定する企業もありますが、設定する側も管理する側も大変です。

そこで、以下の４段階でランク分けすることをおすすめします。

○　**受注済**

△　**受注見込あり（高確度）**

▲　**受注見込あり（低確度）**

×　**受注見込なし**

○△▲×の受注確度を使えば、当月、翌月の売上見込を立てられるようになります。運用方法としては、○受注済、×受注見込なしはわかりやすいのですが、問題は中間の△と▲です。これは企業に

進捗度ランクと受注確度の考え方

【営業プロセスと進捗度ランクの関係】

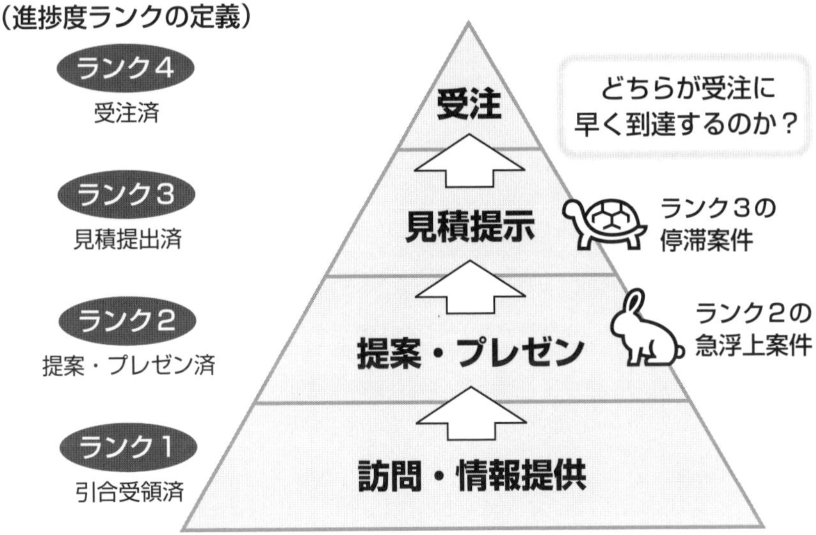

【受注確度を活用した売上見込表】

受注確度	受注確度の定義
○	受注済
△	受注見込あり（高確度）
▲	受注見込あり（低確度）
×	受注見込なし

202□年▽月

受注確度	売上見込	
	件数	額（千円）
○（受注済）	3	1,580
△（高確度）	4	1,025
▲（低確度）	5	522
×（見込なし）	（11）	
合計	12	3,127

よってさまざまなので、受注確率が50％あれば△、のように各社で定義づけてください。やってみておかしければ微修正を繰り返して、自社に最適なしくみをつくりましょう。

5-6 営業プロセスに沿って営業員ごとに指導する

すそ野を広げてランクアップ率を高めれば受注が増える

売上ＵＰとは、ランク４の受注案件をいかに大きくするか、と言い換えることができます。

第一に、右ページ上図の売上ＵＰピラミッドのすそ野を広げれば、頂点の受注案件が増えていきます。そのためには、ランク３、２、１の案件（件数と金額）をいかに増やすか。第二に、ランク１から２へ（Ａ％）、２から３へ（Ｂ％）、３から４へ（Ｃ％）というランプアップ率をいかに高めて、案件を上に押し上げていくか。この２つがカギになります。

ランクごとの件数と変化にこだわる

担当者別に**手持ち案件表**に仕分けてみると、担当者の特徴がよく見えてきます。右ページ下表では、担当者ごと、進捗度ランクごとに案件数と金額を並べています。担当者ＳとＴを比べてみて、あなたが上司だとしたら、どんなアドバイスをしますか。

受注済のランク４案件の多寡はもちろん大切ですが、営業プロセス管理の真骨頂は、見積提示済のランク３以下の動きに目を配ることです。見積案件がいくらあるのか、先月と比べてどのくらい増えたのか。上司が現状把握したうえで、Ｓさんに対して「この１か月でランク３が増えたな。見積提示を頑張ったな！」と励ますと効果的です。

見積提示以外でも、「ランク１が少ないので、新規訪問やセミナー勧誘などで案件を増やしていこう」というように、ランクごとの数とランクアップに上司が興味を示しましょう。そうすると自然に、担当者も営業プロセスごとの成果を意識し始めます。

手持ち案件状況とアドバイス方法

【売上UPピラミッドの運用方法】

進捗度ランクの定義

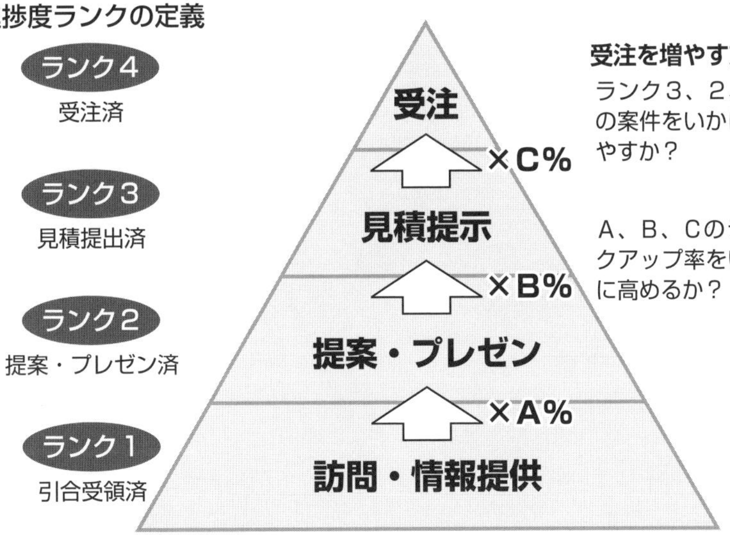

受注を増やす方法

ランク3、2、1の案件をいかに増やすか？

A、B、Cのランクアップ率をいかに高めるか？

【担当者別手持ち案件表】

202□年▽月

進捗度ランク	担当者S		担当者T		売上見込計	
	件数	額（千円）	件数	額（千円）	件数	額（千円）
ランク4	1	520	2	1,060	3	1,580
ランク3	3	1,540	0	0	3	1,540
ランク2	5	2,580	1	540	6	3,120
ランク1	3	1,520	8	4,090	11	5,610

案件の状態　　**上司によるアドバイス**

Sさん

当月のランク4（受注済）は1件だが、ランク3と2が多いので、来月以降の受注が期待できる。

ランク1が少ないので、新規訪問、セミナー勧誘などで案件を増やしていこう。

Tさん

当月の受注は2件ある。しかし、ランク3と2の件数が少なく、来月以降の低調が懸念される。

ランク3と2が少ないので、数が多いランク1を早期にランクアップさせよう。

5-7

現実的な売上目標をつくる

売上目標を作成するメリット

前項までで売上見込が明らかになりました。これにより工場や仕入部門は、生産準備や調達を進めやすくなり、生産性が高まります。

売上見込と並んで、もう1つ重要な数字が**売上目標**です（**売上計画**という言い方もありますが、本書では売上目標を使います）。残念なことに、売上目標を立てていない企業が多くあります。経営者の頭のなかにあっても、担当者に開示されていなければ、売上目標がないことと変わりありません。

売上目標を作成するメリットとしては、目標を達成するための施策を立てて、全員がその目標に向かって努力できることがあげられます。メリットの2つめは、売上目標を達成すれば企業の売上や利益が増加し、従業員の給与や新たな投資の原資になりますから、従業員のモチベーションが向上します。3つめのメリットは、部門どうし（たとえば営業部と製造部）の仲が悪い企業が散見されますが、全体の目標を共有することで、各部門が協力して成果を上げる風土が生まれます。

売上目標の数字のつくり方

売上目標の作成方法は、いくつかあります。過去数年間の自社の売上推移をもとに時系列で分析する、環境変化や競合他社の動向をもとに市場規模やシェアを予想する、顧客にヒアリングを行ない市場の環境変化や発注見通しを探る、などのやり方で作成できます。実際には、これらを組み合わせながら、自社に適したやり方を探していきます。

初めて作成する場合は、前期実績と同額の目標値にして、「まず

売上目標の作成方法

【売上目標を作成するメリット】

1．目標達成に向けた努力
目標を達成するための戦略・方針・施策を立てて、全員がその目標に向かって努力する。

2．モチベーションの向上
売上目標を達成すれば、企業の売上や利益が増加し、従業員の給与や新たな投資の原資になる。従業員のモチベーションが向上する。

3．組織全体の調整と連携
全体の目標を共有することで、各部門が協力して成果を上げる風土ができる。

【売上目標のつくり方（経験者）】

次のやり方を組み合わせながら、自社に適したやり方を行なう

時系列分析	市場環境分析	ヒアリング
過去数年間の自社の売上推移をもとに将来を予測する	環境変化や競合他社の動向をもとに、市場規模や当社シェアを予測する	顧客にヒアリングを行ない、市場の環境変化や発注見通しを探る

【売上目標のつくり方（初めて作成する場合）】

①前期実績と同額で作成して、実際に運用する

②実際に運用するなかで精度を上げていく

- □ 企業運営に必要な売上高を加味する
- □ 実力から見て到達可能な上限を狙う
- □ 繁閑差を考慮して月別に修正する

やってみる」ことをおすすめします。実際に運用して慣れていくなかで、企業運営に必要な売上高はいくらか、自分たちの実力で到達可能な数字はいくらかなどを考えて、精度を上げていきます。

5-8 企業の目標と個人の目標を関連づける

企業から部署へ、部署から個人へ目標を配分する

企業全体の売上目標を、各営業組織や各営業員にブレイクダウンして、部署売上目標、個人売上目標をつくることで、自分ごとになります。

右ページ上図のような組織であれば、企業の売上目標1,000を国内営業部に700、海外営業部に300を配分します。そして、前者の700を、傘下の営業一課に400、二課に300を分けます。

さらに、営業一課の売上目標400を、５人の営業員に分配します。こうすることで、各々の営業員が達成すべき売上目標が決まり、それを達成すれば部署の目標を達成し、最終的には企業の目標を達成することになります。

つまり、企業の目標と個人の目標を関連づけることが大切です。

個人目標の配分方法は２通りある

売上目標を個人に配分する方法としては、営業員が５人いれば同額を配分する方法、５人の能力や実績によって配分額を変える方法の２通りがあります。同額のほうが平等にみえますが、その数字を楽々クリアできる人、その半分さえ達成したことがない人など、人によって難易度が違います。

どの人にも能力の100％から110％の数字で配分すると、「努力すればなんとか到達できる」ちょうどよい目標レベルになります。能力は測りづらいので、直近の売上実績をベースに、手持ち案件の多寡を考慮して設定しましょう。

目標の配分いかんによって、営業員のモチベーションが変わってきますので、上司の腕の見せ所です。

売上目標を配分する方法

【売上目標を部署別に配分する方法】

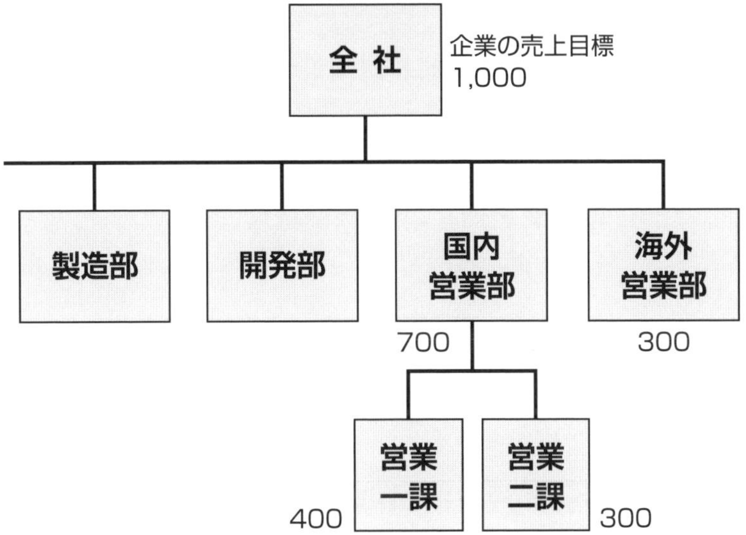

【売上目標を個人に配分する方法】

＜同額を配分＞

人によって難易度が
違ってくる

＜同じ難易度になるように配分＞

直近の実績や案件状況に合わせて
100〜110%くらいで設定する

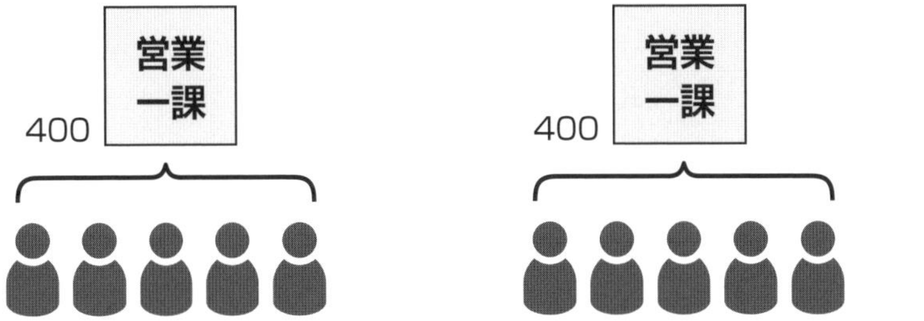

＜同額を配分＞

						合計
①実績	75	70	45	90	95	375
②目標	80	80	80	80	80	400

＜同じ難易度になるように配分＞

						合計
①実績	75	70	45	90	95	375
②目標	80	75	55	95	95	400

5-9

不足を明らかにして目標を達成する

売上目標に対する不足額を現状把握する

売上目標と**売上見込**がわかれば、目標に対する現時点での「不足」の大きさを計算できます。右ページ図①において、売上目標100に対して売上見込が86なので、「14」が不足しています。

これはあくまでも現状把握です。どのくらい足りないのか現状を把握できていない企業が多いので、貴重な第一歩です。

不足対策案件を積み上げる

これから売上目標を達成する方法を説明していきます。不足額の14を埋めるために、**不足対策案件**を絞り出します。

翌月に売上を予定している案件を当月に前倒しする、見積提示済の案件にクロージングをかけて受注を急ぐ、などを行なって営業員が不足対策案件「24」を絞り出しました。すると、図の②のように目標を10上回ります。

ただし、不足対策の24すべてを受注できるわけではありません。ですから目減り分を想定して、不足対策案件を多く積み上げることが、目標達成の条件になります。

通期での売上目標の達成にこだわる

月によって目標を達成できた月、未達に終わった月が発生します。単月での達成はもちろん大切ですが、通期（12か月）での目標達成が最終ゴールです。ですから図③のように上半期（6か月）の月別グラフや、図④のように半期、通期の累計グラフなどを併用して、通期目標を上回れるように、意識していきましょう。

期間別にみた売上目標管理

【1か月の売上目標管理】

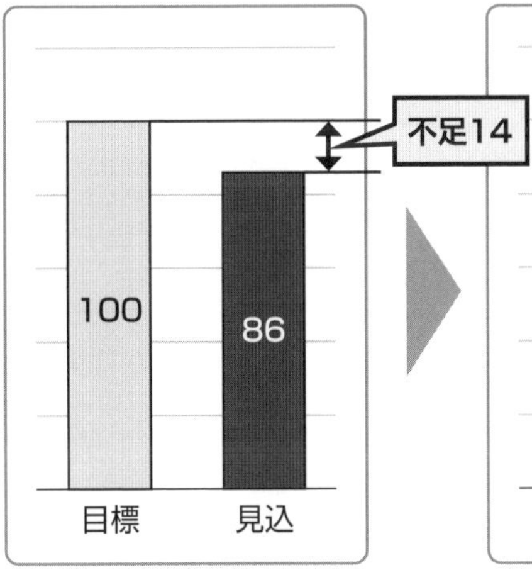

①不足対策前

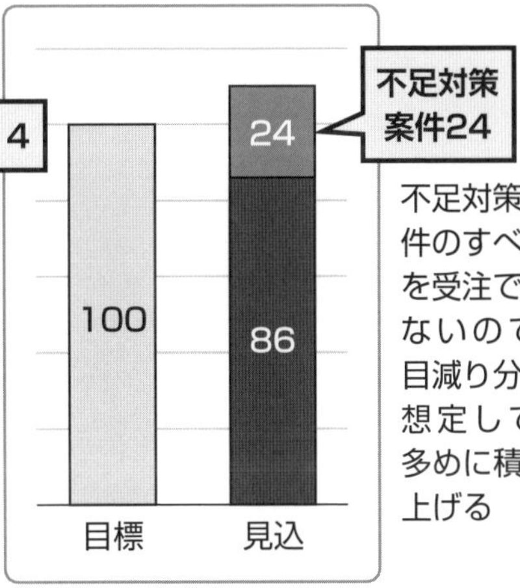

不足対策案件のすべてを受注できないので、目減り分を想定して、多めに積み上げる

②不足対策後

【通期の売上目標管理】

月別の推移、半期（6か月）の状況を見ながら通期（12か月）で目標達成をめざす

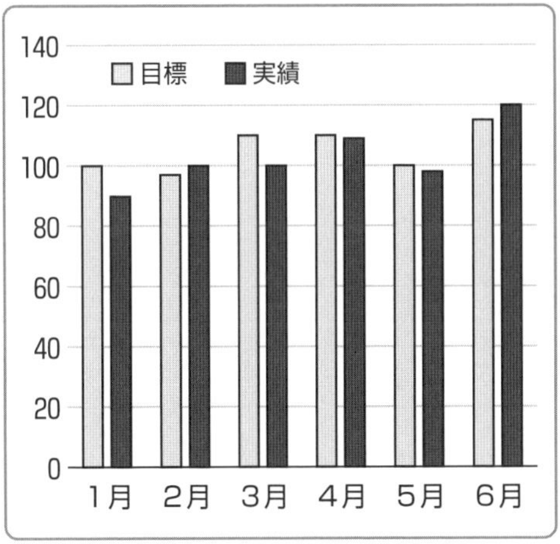

③上半期の月別グラフ

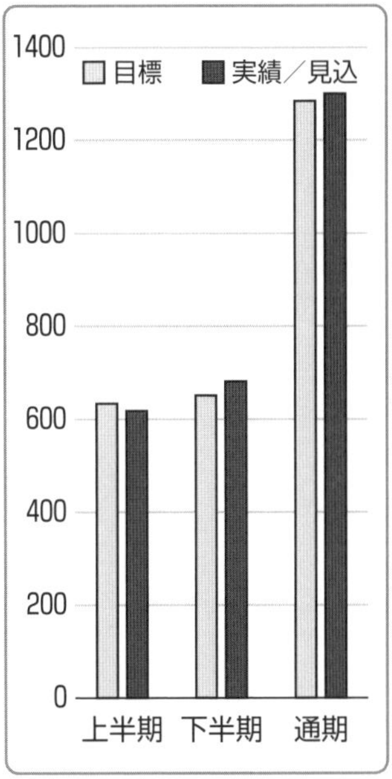

④半期・通期累計グラフ

5-10 短い間隔で進捗管理を行なう

不足や遅れが発生したら早く挽回策を講じる

マラソンランナーが５㎞を通過するごとに、腕時計でラップタイムを確認するシーンをよく目にします。42.195㎞を走り終えて目標タイムより遅いことがわかっても挽回できません。そこで、ラップタイムが目標通過タイムより遅れていたらペースを上げていきます。５㎞という短い間隔で進捗管理を行なっているわけです。

４－７項で説明したチラシ配布活動を思い出してください。チラシ配布期間が終了した後に、目標未達がわかっても後の祭りです（右ページ上図）。途中の段階で配布状況を把握して、遅れている場合は挽回策を講じます。

企業活動は週単位で仕事が進むので、右ページ下図の「週次管理」のように週単位で進捗管理します。週次管理では、第１週を終えた時点で、進捗状況を測定します。

具体的には、土日が休業の企業であれば、月曜の朝に前週の実績を確認して、定例の週次ミーティングで営業員に対策を徹底させましょう。見込に足りなければ即座に不足対策を打って、その不足を縮めにかかります。これを毎週繰り返して、不足分を徐々に縮めながら目標を達成します。

必ずふりかえり、レベルアップする

営業活動が終わったら、やりっぱなしにせず、ふりかえることが重要です。配布枚数の多寡だけでなく、達成度合いや、よかった点、反省点をまとめます。その気づきを次の目標や施策に反映することで、レベルアップを図っていきましょう。

進捗管理の方法

【活動中の進捗管理】

月次管理

月末に実績を集計して、目標値を下回ったとわかっても、挽回できない

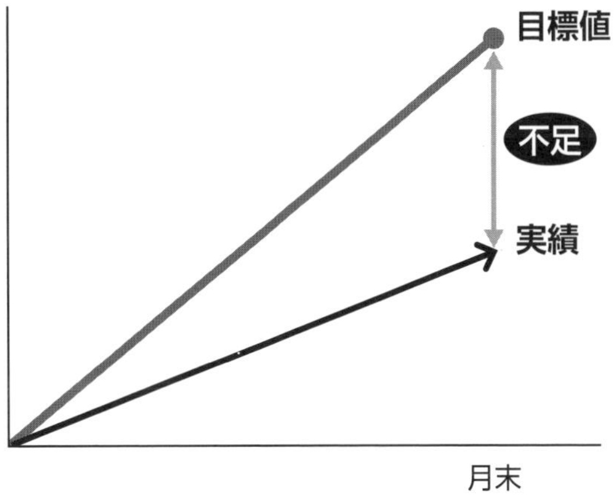

週次管理

前週実績を確認して不足対策を打つことを、毎週繰り返して目標を達成する

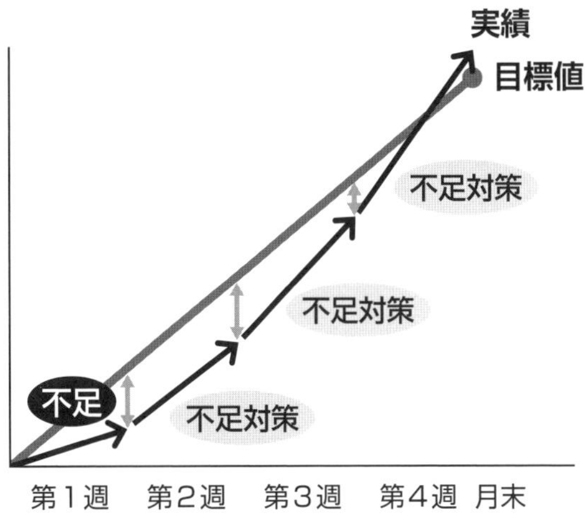

【ふりかえり（実施終了時）】

①達成度合い、よかった点、反省点をまとめる
②気づきを次の目標や施策に反映して、レベルアップを図る

5-11

営業会議を月１回開く

営業会議の目的は営業方針を達成すること

営業会議は、営業方針を達成するために、日々の営業活動をふりかえって改善するために行ないます。営業にかかわる管理者と担当者が出席して、できれば月に１回は開催します。

当月の売上状況を担当者が報告して、上司の「(足りない分は)どうするのか？」に対して「何とか頑張ります」と答えて終わるような、何も対策を決めない営業会議が多くあります。それを防ぐ意味でも、営業会議の議題として、右ページ図のとおり取り上げます。

売上目標と施策について進捗管理を行なう

当月・翌月の売上見込状況を確認し、目標と比べてどのような状況なのか、最新状況を共有します。前月までの売上実績や受注状況を担当者が詳しく説明する企業がありますが、資料を事前配布すればすみます。大事なことは、目標に対して不足が発生していれば、誰が、いつ、どのような対策を打つのかを決めて、全員が共有することです。

その流れのなかで、重要案件や若手が進め方に困っている案件を選んで、全員で「次の一手」についてアイデア出しを行ないます。

つづいて、営業方針や営業施策で取り上げた施策やイベントについて協議します。たとえば、チラシ配布活動や展示会出展の企画や準備について関係部署間で調整し、終了時には結果報告を行ないます。イベントが始まった後で出てくる反対意見を防ぐためにも、企画の段階から営業員を巻き込むことで、協力度合いが違ってきます。

また、市場・顧客・競合の動向など、各自が集めた情報を共有します。共有するだけなら他の報告方法もありますが、関係者が意見

効果的な営業会議

【議題】

議　題	内　容
売上目標の進捗管理	当月・翌月の売上見込状況の確認 目標値に対する不足を埋める対策 個別案件の次の一手（全員でアイデア出し）
施策の協議	施策・イベントの企画・準備、結果報告 施策の進捗管理
決定事項の伝達	企業や関係部署の決定事項の伝達と共有
情報共有・分析	市場・顧客・競合の動向など、各自が集めた情報の共有と分析
営業力の底上げ	成功事例の共有、商品勉強会、ロープレなど

【成功する会議の条件】

①事前に議題を共有し、準備する
②プロジェクターを使って同じ資料を見ながら、議論の場にする
③うやむやにせず、結論を出す
④議事録を作成して、宿題を明確にする（言いっぱなしを防ぐ）

を交わしながら状況分析することが大切です。

営業力の底上げとして、成功事例が生まれたら担当者が発表して共有し、商品勉強会やロープレにより商品知識や商談技術を磨いていきます。

成功する会議の条件

会議を成功させるには、事前に議題を共有して準備をつくします。また、プロジェクターを使って同じ資料を見ながら、報告ではなく「議論の場」にします。終了後には議事録を作成して、言いっぱなしを防ぐために、宿題を書いて残します。営業会議で決めたことを確実に実行して、目標達成に突き進みましょう。

営業力強化
+コラム

新しいことには110%の難易度で取り組む

「先生が毎月来られるたびに追加の指示をもらうので、せっかく資料をつくっても、また変更しないといけない」「最初に全部いってもらえると、1回で済んでよかったのに」と営業員からいわれることがあります。

筆者が毎月の営業会議に出席しているこの企業では、次のようなことが順次できるようになりました。

（5－2項）**案件一覧表にすべての案件を登録して管理する**
（5－5項）**受注確率を○×△で仕分けして売上見込を計算する**
（5－7項）**企業の売上目標を作成する**
（5－8項）**営業員1人ひとりに売上目標を配分する**
（5－9項）**各人の不足金額を明らかにして、不足対策を講じる**

営業力強化コンサルティングに入った最初の頃は、この企業には売上見込も売上目標も不足対策もありませんでした。営業員の数字に対する関心は高いとはいえず、成り行き任せに近い状態でした。その状態の人へ、筆者が上記の5項目をまとめて説明したら、営業員は取り組んだでしょうか。「こんな難しいことをいわれてもわかりません！」と否定されたと思います。

現在の実力値を100%として、110%くらいの負荷で取り組む。100%の負荷では伸びないし、120%では失敗確率が高くなります。努力して110%の実力に達したら、次の110%を設定する。その繰り返しが有効だと考えています。

この企業の営業員はとても真面目なので、上記の5つの階段を一段ずつ着実に上ってきました。いま後ろを振り返ったら、「かなり高いところに上がってきたなあ」と感じることでしょう。

6章

訪問件数を増やし、商談目的を達成する

訪問計画を立てて、準備を尽くして商談に臨む。
商談結果を上司と担当者が共有して
対策を講じれば、商談目的を達成できる。

6-1

訪問件数は営業の有限のリソース

自社の月間訪問件数を即答できますか

営業活動の基本は**顧客訪問**です。では、自社の営業員が１か月間に顧客訪問する**月間訪問件数**はどのくらいでしょうか。

次の質問です。ある営業員は100社の顧客を担当しています。すべての顧客を月１回訪問するつもりですが、実現可能でしょうか。

誰しも、できるだけ多くの訪問件数をこなしたいでしょうが、訪問件数には上限があります。１か月の稼働日が22日あっても、社内での会議や事務処理、緊急対応が必要なクレーム処理などに７日あてれば、顧客訪問できるのは15日くらいでしょうか。１日に５社訪問できると仮定して、「５件／日×15日／月＝75件／月」が、月間訪問件数の上限になります。

冒頭の質問に戻ると、100社の顧客を月１回訪問すると、月間訪問件数は100件になります。難しいことがおわかりでしょう。

訪問しない客を決める

75件／月という営業員にとって重要な訪問件数を、どの顧客に振り当てるのか。これは重要な判断になります。

まず、訪問すべき客を決めます。営業方針・施策のなかで活動強化することを決めた企業、ターゲットリスト先や案件が進行中の企業が該当します。

人は居心地がよい客、長く取引する客への訪問を続けがちです。そこで、訪問しない企業を決めます。かつて、クロネコヤマトの宅急便を開発したヤマト運輸の中興の祖、小倉昌男氏は、労働災害が多い運送現場に対して「安全第一、営業第二」の標語を掲げました。猛吹雪の日に無理して配達するよりも、運転手の安全を優先すると

訪問先の管理方法

【営業員の月間訪問件数】

8時間/日	（勤務時間）
1.5時間	1社訪問する時間 商談30分＋移動60分
5件/日	1日の訪問件数

22日/月	1か月の稼働日（平均）
7日/月	社内での会議や事務処理、 緊急対応（クレーム処理など）
15日/月	1か月に顧客訪問できる日

月間訪問件数　5件/日 × 15日/月 ＝ 75件/月

【訪問先の絞り込み方】

■訪問すべき客を決める

（例）

- 営業方針・施策で、活動強化することを決めた企業
- ターゲットリストに含まれる企業
- 案件が進行中の企業など

■訪問しない客を決める

（例）

- 年商○円以下の企業
- 前年取引額が○円以下の企業
- 片道２時間以上の移動時間がかかる企業など

重要

訪問しない客を決めないと、訪問件数が増えていき、営業員が疲弊します。

いう意味です。「第二」を決めるから「第一」に注力できます。

「年商が○円以下、前年取引額が○円以下、片道２時間以上の移動時間がかかる企業には訪問しない」と決めます。「いままでお世話になった客を訪問してはいけない」と告げるのはつらいことですが、そうやってつくり出した時間で、訪問すべき客を確実に訪問します。

6-2

定期訪問を怠るから不戦敗になる

不戦敗は不名誉な敗戦パターン

競合他社に敗戦した案件について、敗戦分析をしている企業は多いと思います。案件に参戦して競合に負ける「敗戦」以外に、案件を察知できないまま負けていた「不戦敗」があります。

たとえば、前回訪問から半年後に再訪問したら、競合他社の機械が設置されていた、というケースがこれに該当します。営業員にとって不戦敗は、絶対に避けたい不名誉な敗戦パターンです。

不戦敗を防ぐために訪問間隔を設定する

法人営業では、案件が発生してから発注されるまで時間がかかります。商談が具体化してくると、現場社員を巻き込んで仕様の比較検討、ショールームの見学や導入機械のテストなどを行ないます。

仮に検討期間が３か月かかる顧客に定期訪問し続けていれば、現場社員の話しぶりから案件を察知できる場面に出くわします。他社に発注する前に察知できれば、遅ればせながら参戦することができます。訪問間隔があくから不戦敗が発生するのです。

訪問間隔があいてしまう理由は、他の緊急案件やクレーム処理のために時間を確保できない、訪問ネタがない、などいろいろあります。前者は担当顧客数の見直し、後者については会社がお役立ち情報を用意すれば解決できます。訪問できない理由をつぶすのです。

さらに、顧客ごとに訪問間隔を設定して、超過すれば本人も上司も気づくようなしくみをつくっておけば、定期訪問を続けられます。

なお、訪問間隔の設定方法については、６－４項をご覧ください。

不戦敗を防ぐ手立て

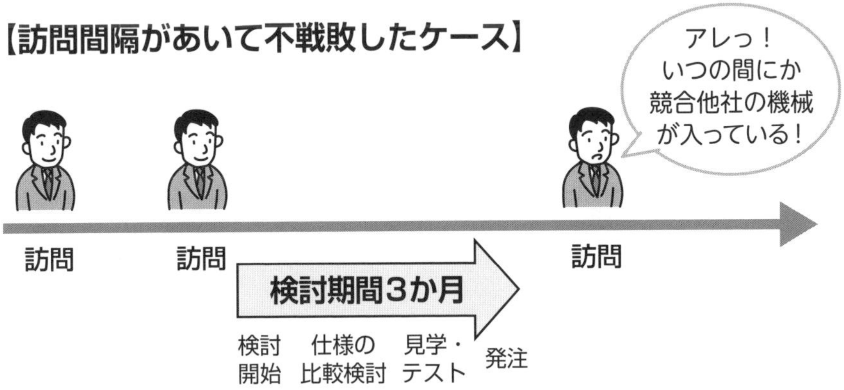
【訪問間隔があいて不戦敗したケース】
アレっ！
いつの間にか
競合他社の機械
が入っている！
訪問
訪問
検討期間3か月
訪問
検討
開始
仕様の
比較検討
見学・
テスト
発注

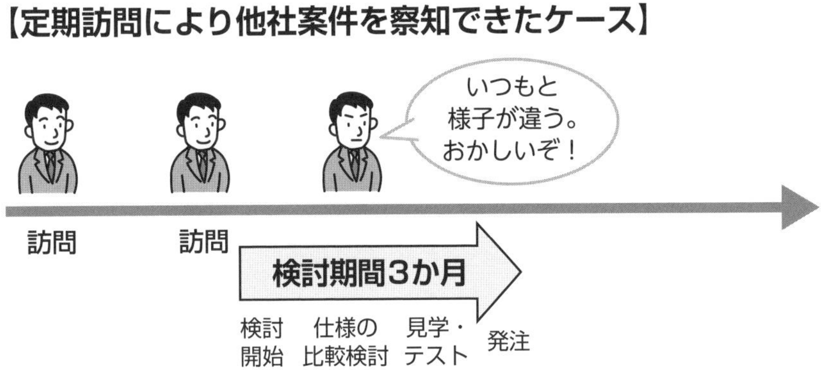
【定期訪問により他社案件を察知できたケース】
いつもと
様子が違う。
おかしいぞ！
訪問
訪問
検討期間3か月
検討
開始
仕様の
比較検討
見学・
テスト
発注

工場を訪ねたら、
競合メーカーの提案書を
見つけました。社長、
具体的に検討して
おられますか。
黙ってて申し訳ない。
機械の調子が急に悪く
なったので、検討し
始めたんだ。
でしたら、当社からも
見積を提示させて
いただきます。

6-3 売れるかどうかは ターゲットリストしだい

ターゲットリスト作成の流れ

ニーズがない客に対して、いくらすばらしい営業トークをしても受注できません。ニーズがありそうな客で構成される**ターゲットリスト**をどのようにつくるのか、が重要になります。ターゲットリストとは、企業名、住所、電話番号などで構成される、営業活動に用いる顧客リストです。

営業方針や営業施策を決定したら、それに適したターゲットの属性を決めます。言い換えると、数多くの企業のなかからターゲット先を選ぶ基準です。ここで、セグメンテーション（２－７項参照）で用いた市場細分化の基準（企業向け）が役立ちます。ＳＷＯＴ分析で取り上げた産業機械メーカーを例にとれば、加工食品製造、年商○億円以上、省エネニーズなどの属性を決めます。

リストを販売する業者が数多くありますので、外部リストの購入を含めて、担当者がリストを作成し、上司が確認する流れでターゲットリストを確定します。

ターゲットリストの目的によって項目を変える

展示会への来場促進や買い替えキャンペーンなど、施策が違えばターゲットリストも異なり、リストの項目も変えていきます。右ページ下表の例①では、その企業の業界のほか、企業規模を測るために売上高や従業員数の項目を入れています。

例②のように既存客のリストであれば、例①のような基礎的な情報はわかっていますから、自社が保有するデータから、保有設備や前回購入時期の情報を入れます。

ターゲットリストの作成方法

【ターゲットリスト作成の流れ】

営業方針・営業施策を決定する

↓

細分化の基準を参考にターゲット属性を決める

市場細分化の基準（企業向け）

1．産業・地理的変数
- 産業・業界、企業規模、地理的位置

2．営業変数
- 顧客ニーズ、使用頻度、顧客の能力

3．購買アプローチ変数
- 購買組織、意思決定構造、購買方針、購買基準

4．状況要因変数
- 緊急性、用途、注文規模

5．人的変数
- 販売者、購買者の類似点、リスクへの態度

（例）産業機械メーカー
- 業界：加工食品製造
- 企業規模：年商○億円以上
- 顧客ニーズ：省エネ

↓

外部リストの購入を含めて、リストを作成する

↓

担当者が作成したリストを上司が確認する

【ターゲットリストの項目】

例① 企業規模を測るために売上高や従業員数を含める

No.	企業名	住　所	電話番号	業 界	売上高	従業員数

例② 既存客の場合、保有設備や前回購入時期を含める

No.	企業名	保有設備	前回購入時期	営業担当

6-4

顧客別に訪問間隔を決める

発注見込度に沿って訪問間隔を設定する

ターゲットリストができたら、**訪問計画**を作成します。不戦敗を防ぐためにも、顧客１社ごとに**訪問間隔**を決めて、定期的に訪問することが有効です。

右ページ上表のとおり、週１回の訪問から、月１回、２か月に１回のように、対応レベル（訪問間隔）を並べます。案件が発生した客は、営業員が毎週のように訪問するので、組織として管理しなくても問題ありません。むしろ、案件化していない客に対する訪問間隔をどのように設定するかが重要になります。

そこで、１社ごとに**発注見込度**を想定し、発注見込度の高い順に月１回の訪問、２か月に１回の訪問、というように設定します。

訪問間隔は商品によって違います。単価が高めで、購入前に組織的に検討する商品は検討期間が長いので、訪問間隔が開いても大丈夫です。一方、単価が比較的低く、発注頻度が多い商品では、注文のタイミングを逃さないように訪問間隔を短くする必要があります。

商品の性格によって異なる訪問間隔

６－１項で、月間訪問件数の上限は75件/月と説明しました。右ページ下表の**訪問間隔設定表**を使って、何社にどの訪問間隔を振り当てられるか計算します。週１回訪問（訪問間隔が７日）だと、１か月に4.3件訪問することになるので、８社あれば34件になります。こうやって、75件におさまる組み合わせを計算します。

１か月だけなら無理して訪問件数を増やせますが、長くは続けられません。どこかにしわ寄せがきます。長期にわたって定期訪問できるように、ターゲットリストと訪問間隔の設定をしましょう。

訪問間隔の設定方法

【訪問間隔の考え方】

顧客の重要度や発注見込度に応じて、訪問間隔を決める。
当方から訪問せずに、電話・メールで接触する客、連絡があった場合に対応する客を増やせば、その分だけ余裕ができる。

対応レベル	考え方
週１回の訪問	案件が発生した客は、営業員が毎週のように訪問するので、組織として管理しなくてよい。
月１回の訪問	案件化していない客は、１社ごとに発注見込度を想定する。発注見込度が高い順に、月１回の訪問から、訪問間隔を２か月、３か月、６か月と広げていく。
２か月に１回の訪問	
３か月に１回の訪問	
６か月に１回の訪問	
電話・メールによる接触	訪問は控えて、電話やメールなどで接触を保つ。
連絡があった場合に対応	当方からは行動せず、連絡があったら対応する。

【訪問間隔設定表】

営業員の月間訪問件数が、５件/日×15日/月＝75件/月のケース。
75件/月をどの客に振り当てるか、訪問間隔設定表で管理する。

対応レベル	１社あたり		対象社数全体	
	訪問間隔（日）	月間訪問数（件）	社数（社）	月間訪問数（件）
週１回の訪問	7	4.3	8	34
月１回の訪問	30	1.0	27	27
２か月に１回の訪問	60	0.5	10	5
３か月に１回の訪問	90	0.3	12	4
６か月に１回の訪問	180	0.2	30	5
電話・メールによる接触	—		—	—
連絡があった場合に対応	—		—	—
計			87	75

6-5

移動時間をなくせる
オンライン商談を活かす

オンライン商談は数多くこなせる

Zoomなどを使ったオンライン商談が、コロナ禍で一気に普及しました。コロナ禍が落ち着いてきても、すべてが対面商談に戻ったわけではなく、オンラインと対面を使い分けるようになりました。

対面商談では、商談時間が30分としても、移動に60分かかれば、1件あたり90分かかります。1日に5件程度しかこなせませんが、移動時間がないオンライン商談は数多く実施できます。特に、遠方の顧客との商談では、時間短縮効果が大きくなります。

オンラインと対面の得意な点を理解する

オンライン商談は、きちんと筋道を立てて理解を得る「理」の面が得意です。説明する、情報を共有する、資料・動画を見せて反応を確認することなどが向いています。具体的には、商品説明、情報提供、進捗確認などが目的の商談であれば、オンラインで十分に代替可能です。

一方、感情を込めて伝えて納得を得る「情」の面は、対面が得意とするところです。アイデアを出し合う、商品の実物を触りながら身ぶり手ぶりを交えて説明する、本音を聞き出して納得してもらうことなどが向いています。特に、人間関係ができていない新規開拓商談では、信頼感を醸成するために、対面商談を増やしましょう。

用途に応じて使い分けて、総接触件数を増やす

それ以外にも、準備に手間がかからない電話商談、お互いの時間が合わないときや記録に残したい場合に有効なメール商談もあります。最適な方法を選んで、顧客との総接触件数を最大化しましょう。

商談方法の使い分け

【オンラインと対面の特徴】

理	情
きちんと筋道を立てて理解を得る	感情を込めて伝えて納得を得る
オンライン商談が得意なこと	**対面商談が得意なこと**
説明する 情報を共有する 資料・動画を見せる 反応を確認する	アイデアを出し合う 五感・体感でよさを伝える 本音を聞き出す 納得させる 信頼感を醸成する
適した商談	
商品説明 情報提供 進捗確認	新規顧客訪問 （特に初回訪問） クロージング

【その他の商談方法】

電話商談が得意なこと	メール商談が得意なこと
急いで結果を出したい 準備に手間がかからない	お互いの時間が合わないとき 記録に残したい

用途に応じて使い分けて、顧客との総接触件数を最大化

出典：営業力を科学する売上ＵＰ研究会（増田ほか新規顧客開拓分科会）

6-6

週ベースで訪問計画を立てる

訪問計画づくりには上司がかかわる

顧客への訪問計画づくりを担当者任せにしていませんか。これこそ上司がかかわってほしいテーマです。なぜならば、訪問件数は営業部門の最大のリソースであり、どの客にいくら振り当てるかは重要な判断になるからです。

まず、**ターゲットリスト**と**訪問間隔**を参考に、また、直近の**案件進捗状況**を踏まえて、担当者が次の１週間の訪問予定を作成します。月曜または金曜に行なう週次ミーティングで、担当者と上司が相談して確定していきます。

次回商談の目的を明確にする

「商談の目的は？」と訊ねたら、答えに窮する営業員がいます。案件が発生したなかでの商談であれば、提案や見積提示など営業プロセスを１つずつクリアするので、商談目的が明確になります。しかし、長くお付き合いする法人営業では、案件がないなかでの商談が過半を占めます。「案件があれば営業は楽だよ。案件がないところで“できる営業”は地力を発揮するものだ」とよくいわれます。

できる営業は「この客は次にこれを買う」と仮説を立てます。「片想い案件」といえば理解しやすいでしょうか。顧客ニーズが顕在化していない状態で、“いずれ○○の課題が出てくるので□□が必要になるはずだ”と想定しているのです。仮説があると、次回商談の目的をつくりやすくなります。

週次ミーティングで上司は、部下の顧客訪問１件ごとに、商談目的を明確にさせます。「火曜日に□□工業に買い替えキャンペーンを説明します」といった目的です。

訪問計画の立て方

【訪問計画を立てる】

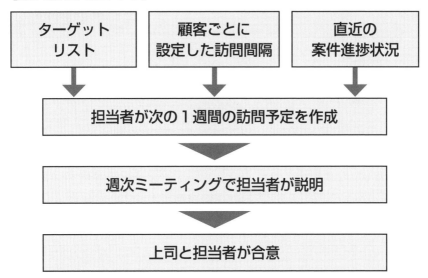

ターゲットリスト
顧客ごとに設定した訪問間隔
直近の案件進捗状況

↓

担当者が次の１週間の訪問予定を作成

↓

週次ミーティングで担当者が説明

↓

上司と担当者が合意

【商談の事前準備をする】

案件がある状態 顧客ニーズが顕在化	案件がない状態 顧客ニーズが潜在的
やることが明確になっており 商談目的を立てやすい	お互いに会う目的がない 商談目的を立てづらい
↓	↓
提案や見積提示など営業 プロセスを１つずつクリアする	次はこれを買うだろうという 「片想い」案件を設定する

目的が決まれば、商談に向けた準備状況を確認します。キャンペーン特典を記載したキャンペーンチラシと商品カタログの２点を持参する、ことまで確認できれば、事前準備は完了です。

6-7

商談記録をわかりやすくまとめる

労務管理としての日報になっていないか

担当者はその日の商談内容について、**営業日報**に記入して報告します。原則として当日中に、直帰であれば翌日10時までに入力を完了しましょう。

商談記録は、企業によっていろいろな書き方があります。右ページのAは１日分をまとめて記載しています。値上げ交渉やキャンペーン紹介など目立った活動があれば内容まで記入しますが、それ以外は訪問した企業名の羅列になっています。

Aは残念ながら、労務管理を兼ねた日報の性格が強く、後から読み返しても役に立ちません。御用聞き営業スタイルの企業は、注文伺いの訪問を数多くこなすことが求められるため、この書き方が多く見られます。

相手の反応が書かれていないと上司はいらつく

Bでは商談ごとに記載しています。**ＳＦＡ（営業支援システム）**を導入していると、商談に企業名や面談者名を紐づけて記載するので、必然的にこの書き方になります。

「○○型の値上げ交渉」のように営業員の行動は書いてありますが、相手の反応が書いてありません。相手の反応（商談結果）こそ、上司や読み手が知りたい内容です。

商談の目的、結果、次回予定を簡潔に記載する

Cは商談の目的、結果、次回予定に分けて記載しています。「○○型の値上げ交渉」という商談目的に対して、商談結果が簡潔にまとめられています。目的に対して行動したけれども実現できていな

営業日報（商談記録）の書き方

A

5月16日 □□産業 値上げ交渉、○○商事 キャンペーン紹介 △△工業、▲▲物産、●●販売

1日分まとめて記載。値上げ交渉、キャンペーン紹介など目立った活動があれば記載するが、それ以外は訪問した企業名の羅列にとどまる。

B

5月16日 10:00-11:00 面談者：□□産業㈱●●専務 ○○型の値上げ交渉

商談ごとに記載して企業名・面談者名も記入。自身の活動内容は記載しているが、相手の反応（商談結果）がわからない。

C

5月16日 10:00-11:00 顧　客：□□産業㈱ 面談者：●●専務 【目　的】○○型の値上げ交渉 【結　果】当社以外から値上げ要求がなく、受け入れられず 【次回予定】5月23日 価格を検討し直して再度交渉

商談の目的、結果、次回予定に分けて記述。営業員は商談管理ができているため、上司が安心できる。

いので、次回予定を「（1週間後の）5月23日に価格を検討し直して再度交渉」と明確にしています。

営業員が目的意識をもって商談に臨んでいることが明白です。目的を達成するために商談の事前準備を行なうので、商談の成功確率が高まります。長く書けばよいというわけではなく、ポイントをおさえて簡潔に3行くらいにまとめましょう。

6-8

部下の商談記録を読んでアドバイスする

上司は部下にタイムリーにフィードバックする

帰社してから時間をかけて営業日報を記入しても、上司が何ら反応しなければ、やがて書く気力が失せてしまいます。

上司は、日報をタイムリーに読んで、担当者と対話をしましょう。当方の提案に対して相手の反応はどうだったのか。その理由をどう考えるのか。問題は何か。次の一手は何か…。

しかし、「○○するように」と一方的に指示すると、部下が考えなくなります。部下に考えさせて、部下自らが答えを導き出せるように仕向けることで、部下は成長します。

コーチング技法を取り入れて部下の成長をサポートする

コーチングとは、気づきを与えて、相手の自発的な行動を促すコミュニケーション手法です。野球のようなスポーツでは、コーチがいくら指示しても、努力するのは選手です。コーチは選手の適性を踏まえて、やる気を引き出して能力を伸ばすことが必要です。

右ページ中段の表では、指導・指示とコーチングの違いを明らかにしています。指導・指示では、上司は部下に対して目標や行動について具体的に指し示しますが、コーチングでは、対話、質問、フィードバックを通じて、部下に気づきを与えます。知識や経験が浅い新入社員には指導・指示が向いていますが、部下が成長するなかで、コーチングの割合を徐々に増やしていきましょう。

具体的な手法としては、上司は指示をせず、答えを言わず、部下が気づくように質問します。また、上司は部下を引っ張らず、サポートに徹します。部下が決めたことを達成できるように、「私がしてあげられることは？」と支えることが有効です。

コーチングの特徴と手法

コーチングとは、気づきを与えて、相手の自発的な行動を促すコミュニケーション手法

【スポーツのコーチ】

- コーチがいくら指示しても、努力するのは選手
- 選手の適性を踏まえて、やる気を引き出して能力を伸ばす

【指導・指示とコーチングの違い】

	指導・指示	コーチング
上司の役割	部下に対して、目標や行動について具体的に指し示す	対話・質問・フィードバックを通じて、部下に気づきを与える
部下の役割	上司の指示に沿って、行動する	気づきを得て、自分でやり方を決めて行動する
決める人	上司	当人（部下）

【具体的な手法】

（声かけの例）

- **指示をしない、答えを言わない**
  相手が気づくように、質問する

> なにか問題がある？
> 自分としてはどうしたい？
> このまま放置すると、どのような結果になるだろうか？

- **引っ張らない、サポートする**
  決めたことを達成できるように支える

> 私がしてあげられることは?
> 手伝ってほしいことがあれば遠慮なく言ってほしい。

- **傾聴、質問、フィードバック、ほめる**
  この４つのやり方をおりまぜる

6-9 週次ミーティング＆1日5分面談を行なう

週次で進捗管理を行なう

営業会議を月1回行なう企業が多いですが、営業チーム内のミーティングは、営業リーダーが率先して「毎週」行ないます。5－10項で短い間隔で進捗管理を行なう重要性を説明しましたが、売上目標に対する不足や営業施策の遅れが発生したら、週次で修正していきます。その場が週次ミーティングです。金曜または月曜に開催して、営業チーム内で情報共有します。

月曜に行なうのであれば、先週の案件の進捗確認と売上見込の最新化を行ないます。営業施策や目標達成手順書の進み具合を週次管理するのも、この場が適当です。そのほか、市場や競合の動きについて集めた情報を共有し、問題や課題があればどのような行動をするのか決めます。

今週の行動については、担当者が申告した週間訪問計画を確認したうえで、主な訪問先と商談目的を確認し、商談目的を達成するために準備ができているかどうかに気を配ります。部下の日報を読むのは重要ですが、対面で状況を聴いてアドバイスし、必要なら同行訪問するなど、熱くフォローしましょう。

毎日1対1で5分だけ面談してじっくり聴く

週次ミーティングは多人数で行なうため、部下の本音を聴けないことがあります。そこで、部下と1対1で1日5分の面談をします。

夕方行なう場合は、当日の主な商談結果を聴き、問題や課題をあげてもらって、どのような行動をするのか確認します。続いて、翌日の行動予定について、主な訪問先と商談目的を聴いたうえで、商談目的を達成するためにどのような準備をするのか確認します。

週次ミーティングと1日5分面談のやり方

【週次ミーティング】

金曜または月曜に、営業チーム内で情報共有する

先週の行動（結果）　（注）月曜に行なう場合

- 案件の進捗確認と売上見込の最新化
- 営業施策・目的達成手順書の週次管理
- 市場や競合の動きについて情報共有
- 問題や課題に対して、どのような行動をするか確認

▼

今週の行動（予定）

- 担当者が申告した週間訪問計画の確認
- 主な訪問先と商談目的の確認
- 商談目的を達成するために、どのような準備をするか確認

【1日5分面談】

1日5分、部下と1対1でコミュニケーションする

本日の行動（結果）　（注）夕方に行なう場合

- 主な商談結果を聴く
- 問題や課題に対して、どのような行動をするか確認

▼

翌日の行動（予定）

- 主な訪問先と商談目的を聴く
- 商談目的を達成するために、どのような準備をするか確認

部下が４人いれば、１日５分面談に20分かかります。忙しい上司としては負担が大きいですが、結果が出れば売上に貢献しますし、部下が育てば組織も個人も活性化します。**部下の育成**こそ、一番重要な仕事です。それだけの時間を使う価値がある活動です。

6-10 商談記録が積み重なった商談履歴は企業の宝物

商談記録を読むだけでは気づかないことがある

筆者が継続的に営業力強化支援をさせていただく石油製品卸売業Ｓ社の営業部長はこうおっしゃいました。「当社では商談期間が長く、営業員の日報を読んでも商談の経緯を思い出せないことがある」。たしかに、法人営業の案件は１年以上続くことが多く、担当者当人ですら商談の経緯を覚えきれません。

右ページ上段の10月27日の日報をご覧ください（Ｓ社の日報ではありません）。部下から順調に進んでいると聞いていた商談ですが、これを読むと、先方の要望とずれたプレゼンをしてしまい、怒られています。担当者当人に訊いても、理由がわかりません。

このようなときに役立つのが、顧客ごとに商談記録を時系列に並べた**商談履歴**です。右ページの商談履歴を順に読んでいくと、原因がわかります。10月６日の商談で３件質問したうちの１件について、先方の回答をもらえていませんし、キーパーソンから聞き取りができていません。

商談履歴を読むことで、顧客と長く続く商談の流れをつかみ、問題点を発見できます。上司は当日の商談記録を読み、必要に応じて商談履歴を読んでから、部下に指導することができます。

ＳＦＡは商談履歴を自動で作成する

営業支援システムＳＦＡ（Sales Force Automationの略）を導入すると、このような商談履歴管理が効率的に行なえます。個々の商談記録を入力すると、顧客ごとに振り分けられた商談履歴が自動でできあがります。

商談履歴には、ほかにも便利なことがあります。担当者が交代す

日報と商談履歴の違い

【日報（商談記録）】

> 10月27日
> **面談相手：□□工業㈱研究所●●所長、△△主任**
> 次回導入設備をプレゼンした。「当社要望とずれている。受け入れられない」と●●所長。競合２社は提案済みで、２日だけ待ってもらえることに。

（なぜこうなったんだ？　何が問題だったんだろう？）

【商談履歴】

> 9月23日
> **面談相手：□□工業㈱研究所●●所長、△△主任**
> 次回導入設備の提案を求められた。
> 要望仕様を後日聴取する。

▼

> 10月６日
> **面談相手：□□工業㈱研究所△△主任**
> ●●所長はお休み。次回導入設備の要望仕様を△△主任から聞き取った。３つ質問したところ、ＸとＹは回答をもらえたが、Ｚは所長に確認したうえで後日回答するとのこと。

（キーパーソンの●●所長から直接聴いていない。Ｚがわからないままになっている。）

▼

> 10月27日
> **面談相手：□□工業㈱研究所●●所長、△△主任**
> 次回導入設備をプレゼンした。「当社要望とずれている。受け入れられない」と●●所長。競合２社は提案済みで、２日だけ待ってもらえることに。

る際に、その引継ぎ作業が簡単になるのです。急に退社した営業員の顧客を引き継いでも、商談履歴を読めば過去の経緯を把握できます。また、担当者でない上位役職者が同行訪問する際、担当者に聞き取りをしなくても、商談履歴を読んでおけば、お客様とのやり取りに困りません。

6-11

顧客情報を一元管理する

顧客データは企業のあちこちに散在している

営業員が定年や転職によって企業を去ると、その営業員が抱えていた顧客や商談にかかわる情報は引き継がれません。企業と顧客の関係は長く続きますから、情報は企業側で一元管理すべきです。

営業支援システムＳＦＡは、商談や案件の進捗を管理し、営業活動の生産性を高めます。ＳＦＡで管理すべき情報は、顧客、商談、案件、名刺の４つの情報です。詳細は右ページ上図をご覧ください。

情報はクラウド上に保管されますから、社外からスマホでアクセス可能です。直行直帰するときや、顧客との商談直前に過去の経緯を思い出したいときに重宝します。

新規開拓活動の進捗状況を見える化する

前項で紹介した石油製品卸売業のＳ社では、サイボウズ社のキントーン上でＳＦＡをつくりました。Ｓ社では営業プロセスを、「未訪問⇒訪問⇒情報収集⇒見積提示⇒受注」の５ステップに決めました。そして新規顧客開拓では、受注できない割合が高いので、「見送り」を追加しました。

右ページ下段のグラフは、過去の一例です。そのときは新規客96社を営業員４名に割り振り、新規顧客開拓の進捗管理を「見える化」しました。

４名分が並んでいますが、開始直後は一番左側の「未訪問」の棒グラフが一番高いのですが、活動が進むにつれて右側に移動します。「未訪問」が減り「受注」が６件ある、一番右側の人の活動が進んでいることが一目瞭然です。案件の状況を更新するだけで、グラフは自動更新され、ＳＦＡの目立つ場所に掲示されます。

SFAが管理する情報と表示グラフ

【ＳＦＡ（Sales Force Automation：営業支援システム）】

営業員の商談や案件の進捗を管理し、営業活動の効率化に役立つ
情報はクラウド上に保管し、スマホからもアクセス可能

【ＳＦＡで管理すべき情報】

顧客管理	クラウド上で顧客データベースの一元管理 取扱品目、取引条件、与信管理情報なども掲載
商談管理	商談記録に加えて、顧客ごとの商談履歴を閲覧可能 関係者が即座に情報共有、上司が適宜アドバイス
案件管理	自社の営業プロセスに合わせた案件進捗管理 手持ち案件を見える化、売上見込の精度アップ
名刺管理	営業員が獲得した名刺情報の一元管理 キーパーソン管理、誕生日や出身校も記録可能

【新規顧客開拓活動の進捗グラフ】　（例）石油製品卸売業Ｓ社

営業プロセスを未訪問、訪問、情報収集、見積提示、受注、見送りに決めて、棒グラフがそれぞれの社数を示す

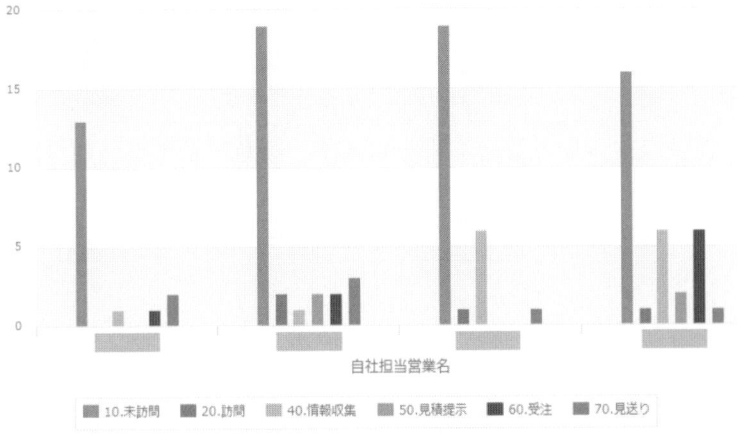

協力：営業力を科学する売上ＵＰ研究会（浅田ほかキントーン分科会）

6-12

部下の商談件数を把握する

部下１人ひとりの商談件数データに目を通す

営業支援システムＳＦＡを導入して商談を記録している企業は、商談件数データを吸い上げることができます。右ページ図は、前項の石油製品卸売業Ｓ社に毎月初に送付している商談活動レポートの一部です。上の表は、担当者別に毎月の商談件数、直近の月は日ごとの商談件数を表示しています。管理者は１件１件の商談に対してていねいに指導しており、商談結果が悪いことは読めば把握できますが、未訪問は記録が残らないので気づきにくいものです。

営業員のもっとも重要な業務は顧客訪問です。商談件数とその推移をみれば、部下の状況を正しく理解できます。商談件数が足りない背景には必ず理由があります。頭ごなしに叱るのではなく、理由や背景を尋ねて、その阻害要因を取り除くことが上司の仕事です。クロージングやクレームが立て込んでいる営業員がいれば、同僚にフォローさせるチームプレイも大事です。

企業登録件数・名刺登録件数のデータも確認する

新規顧客を初めて訪問し、誰かと名刺交換すれば、ＳＦＡに新規登録します。これらの登録情報を反映した、新規企業登録件数と新規名刺登録件数も合わせて報告します。新しい企業を訪ね、新しい人と会わないと、新規顧客開拓はできません。つまり、新規顧客開拓の**先行指標**となるので、この数字が下がっていないか注意深くみていきます。

このように営業員がＳＦＡに営業活動の結果を登録すれば、商談結果の報告以外にいろいろな用途に展開できます。営業活動の生産性向上にＩＴの活用は欠かせません。

商談件数や新規顧客開拓状況の見える化

【担当者別商談件数の推移表】

担当者別に毎月の商談件数、直近の月は日ごとの商談件数を表示

個数 / お客様 企業名 列ラベル											
行ラベル	(担当者の氏名が並びます)										
⊞2月											
⊟3月	2	6	11	3	30		26		1	6	11
⊟4月	3	16	16	11	27	2	21	25	32	23	23
⊞5月	25	39	46	38	46	6	39	59	97	71	93
⊟6月	17	35	62	66	40	30	61	65	101	117	94
⊞7月	10	35	61	52	48	48	65	70	82	64	84
⊟8月	10	34	46	65	48	38	48	43	77	86	82
8月1日			2								
8月2日		4	1		6	5	4	4	11	6	3
8月3日						4		3	2		5
8月4日	1	2	2	5		1	1	1	6		6
8月5日			2	4		2	3	2		7	5
8月6日	1	1	3	1	1	4	2		9	6	5
8月7日			1								
8月10日	2	4	4			3	3	1	5	4	5
8月11日					5	1	2	2			

【新規企業登録件数、新規名刺登録件数の推移表】

新しい会社を訪ね、新しい人と会わないと、新規顧客開拓はできないので、新規顧客開拓の先行指標になる

【新規企業登録件数】

個数 / 企業名 列ラベル						
行ラベル	2021年04月	2021年05月	2021年06月	2021年07月	2021年08月	総計
(担当者の氏名が並びます)	25	36	42	50	30	183
		7	5	6	4	22
	3	8	4	3	1	19
	10	7	8	5	3	33
	3	4	10	14	11	42
	3	2	3	2	3	13
	1		1	8	4	14
	5					
	115					
	18					
	33					
	29					
	35					
	1					
	1					
	1					
	1					
総計	**142**					

【新規名刺登録件数】

個数 / 企業名 列ラベル						
行ラベル	2021年04月	2021年05月	2021年06月	2021年07月	2021年08月	総計
(担当者の氏名が並びます)	26	37	38	27	11	139
	1	7	2	3	2	15
	4	13	10	6		33
	9	10	12	4	5	40
	8	5	4	5	1	23
	4	2	10	8	3	27
				1		1
	35	23	60	13	7	136
	23	12	7	5	5	52
	4	7	4	4	2	21
	6	4	1	2		13
			48	2		50
		8	16	2	4	30
		8	16	2	4	30
		1				1
		1				1
総計	**59**	**69**	**114**	**42**	**22**	**306**

協力：営業力を科学する売上ＵＰ研究会（浅田ほかキントーン分科会）

6-13

部下と同行訪問する

商談の進展を図る

部下の報告を聴いていると、商談が行き詰まり、一人では解決が難しそうに感じるときがあります。その場合は、上司が部下の商談に同行する、いわゆる**同行訪問**をおすすめします。同行訪問には、商談の進展を図る、ＯＪＴ、コミュニケーションの活性化という、３つの効果があります。

若くて経験が浅い営業員ほど、商談の進め方に悩む、顧客のキーパーソンに会えない、会っても話がスムーズに進まず相手が本音で話してくれないことが多々あります。

同行訪問では、上司は豊富な経験や解決策をもっているので、商談の問題点を解決して商談を進展できます。また、上司が同行することで顧客側のキーパーソンが商談に出席してくれて、顧客、特にキーパーソンとの信頼関係を強められます。

ＯＪＴ（オン・ザ・ジョブ・トレーニング）

ＯＪＴとは、職場内訓練を意味し、上司や先輩が指導役となり、実務をとおして知識やスキルを身につけてもらう人材育成手法です。

商談中の上司のふるまいを見て、部下は実践的な営業スキルを直接学ぶことができます。また、移動中に上司がフィードバックすれば、部下にとって最高の教育になります。なぜならば、上司と部下では経験値が違うため、同じ話を聴いていても違った理解をしていたり、部下は重要でないと思って聞き逃したりすることがあるからです。

同行訪問のタイミングと効果

【同行訪問を行なうタイミング】

●商談が行き詰まり、一人では解決が難しそうに感じるとき
●ＯＪＴやコミュニケーションの活性化を行なうべきとき

【同行訪問の効果】

１．商談の進展を図る
①商談の問題点を解決して、商談を進展させる
②顧客、特にキーパーソンとの信頼関係を強める

２．ＯＪＴ(オン・ザ・ジョブ・トレーニング)
③実践的な学習（上司の言動をみて学ぶ）
④商談後のフィードバック

３．コミュニケーションの活性化
⑤上司と部下のコミュニケーションを深める
⑥目標の共有

コミュニケーションの活性化

社内では、１対１で落ち着いて話す時間はなかなかとれません。部下の悩みを聴いてあげたり、上司が経験をアドバイスしてあげたりすれば、コミュニケーションを深める効果があります。

営業力診断アンケート（２－３項）には、「上司が適切な頻度で同行訪問ができているか」という質問があります。上司は、部下が見積提示するときは必ず同行しているので、「あてはまる」と回答しても、部下は、見積提示に加えてクロージングにも同行訪問してほしいと思っていれば「あてはまらない」と答えることがあります。

このように、上司と部下の間に認識の差異があるのは避けられません。同行訪問中によく話し合うことで、誤解を解消できます。

営業力強化
➕コラム

傾聴によって困りごと・課題を聴きだす

ある卸売業における営業所長研修で、１日５分面談を上手に進めるために、「傾聴」技法を紹介しました。傾聴とは、相手に気持ちよく話してもらえるように、相手の話を注意深く、共感しようとする姿勢で聴く技法です。自分が相手の気持ちに共感できれば、相手も自分のことをわかってくれたと感じて、さらに話してもらえます。傾聴がうまくいくポイントを４つ紹介します。

①注意深く聴く

相手の話に集中して、目を合わせながら聴きます。

②しぐさを使って、関心があることを示す

しぐさとは、うなずく、相槌を打つ、微笑むことです。さらに、「ああ、そうですか」「なるほど」と声に出すとさらに効果的です。

③オウム返しや要約を行なう

相手が話し終わったら、「…なのですね」「…ということでしょうか」と話をまとめて返せば、発言を理解してくれていると安心します。さらに「それはよかったですね」と相手の気持ちに寄り添えば、話が一層はずみます。

④相手の言うことを評価しない

正しい／間違っている、賛成／反対というように、自分の評価を表わさず、まずはそのまま受け止めます。

忙しい上司は、部下の話を最後まで聞かずに、よし悪しを早く判断する傾向にあります。ビジネスとしては生産性が高いのですが、「部下の成長」のためには、よいやり方とはいえません。傾聴技法を使って、部下の悩みや困りごとを傾聴しましょう。

7章

しくみをつくり、新規顧客を開拓する

16段階の営業プロセスに細分化し、
各段階で用いる手法やツールを定める。
新規開拓のやり方を明らかにして、
誰もが取り組めるようにする。

7-1

営業プロセスを細分化する

企業の成長に不可欠な新規顧客開拓

既存顧客との取引を継続するだけでは、やがて取引関係が終わる客が出てくるため、企業の売上を維持することはできません。そのため、**新規顧客開拓**が必要になります。

新規顧客を獲得するコストは、既存顧客を維持するコストの５倍かかるといわれています。新規顧客にかかわる「事前の情報収集」から数えると、右ページ図のように３つのフェーズ、16段階の営業プロセスに細分化できます。

新規顧客開拓では、一番下の「事前の情報収集」から始まり、初回訪問や情報提供を経て、一段ずつ上に上がるためにコストがかかります。「実はこういうことに困っている」と打ち明けてもらって、「顧客の情報把握」にたどり着けば、ある程度「関係づくり」ができた段階といえます。

既存顧客とは初回提案から案件が始まる

関係づくりができている既存顧客とは、成約フェーズのなかで営業活動が完結します。定期訪問を重ねるなかで困りごとや課題を把握したら、提案やプレゼンテーションを実施して、工場見学やテスト、見積提示を経て受注に至ります。

法人営業では、納品して終わりではありません。トラブル対応を含めて「納品後フォロー」を行ない、顧客が期待していた導入効果を得られたかどうか「効果確認」をします。その後も、「継続訪問・提案」を重ねて「リピート受注」につなげていきます。

次項から、関係づくりフェーズと成約フェーズについてプロセスごとに解説します。関係強化フェーズの多くは成約フェーズと重な

営業プロセス（詳細版）

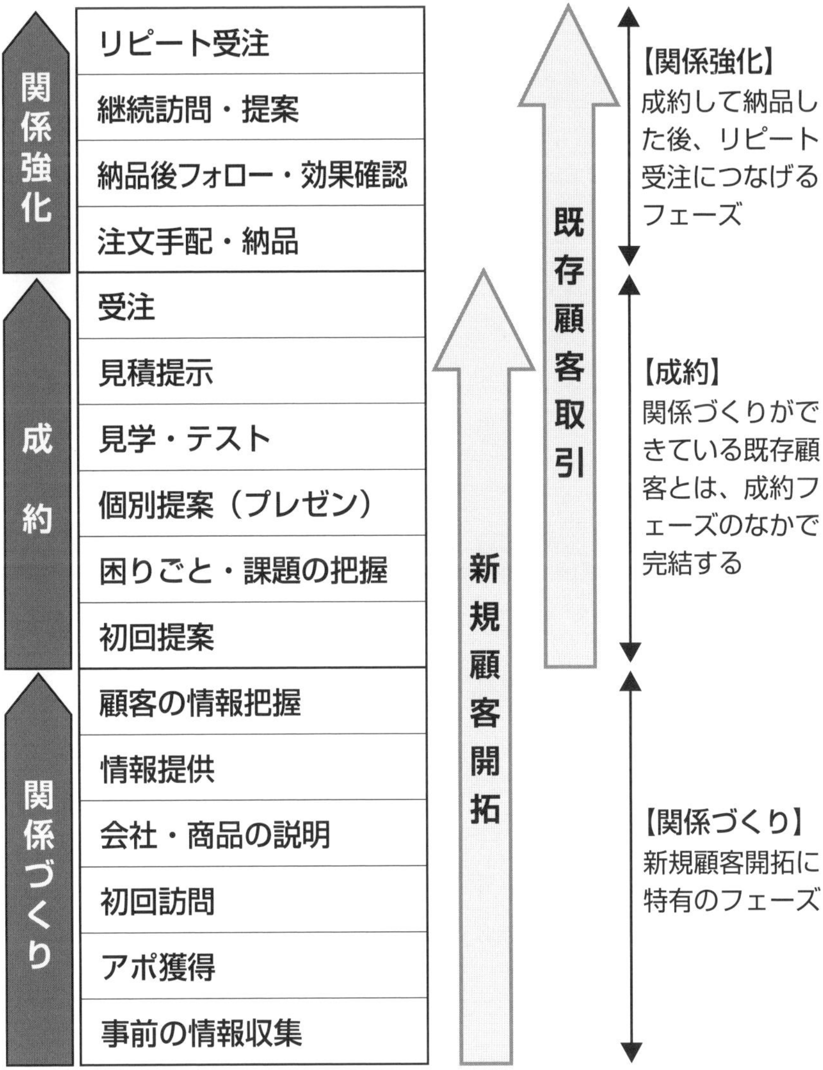

りますので、本書では説明を省略します。

それぞれの業界や商品によって営業の手順は異なるので、これを基本形として自社の詳細な営業プロセスをつくってみましょう。

新規顧客に到達する手段をさがす

新規顧客へのアプローチ方法は数多くある

「事前の情報収集」プロセスではまず、どういう手段・ルートで新規顧客とのアポを獲得して初回訪問につなげるか検討します。テレアポや飛び込み訪問は面談確率が高くないので、もっとも確実で効果的な**紹介**で進められないか検討します。

紹介者の手前、面談確率は高く、短期間でキーパーソンとの面談を実現できます。次に、成約した場合に仲介マージンが発生しますが、販売代理店や商社が有するネットワークの活用も有効です。

右ページ上表の上から5つは営業員が個人的に動けますが、下の2つは会社として取り組みます。セミナーの開催、展示会への出展は、当社を理解してもらいやすくキーパーソンに対面できます。

できるかぎり訪問先の情報を集める

初回訪問の前に必ず、事前情報収集を行ないます。「当社のことをよく知っているな」と顧客が感じたら、「この人の話を聴いてみよう」と思ってもらえます。親近感を抱いてもらうためにも、訪問先のことを下調べして、課題やニーズの仮説を立てて訪問時の話題に活かします。

まず、企業ホームページで訪問先の特徴を把握します。会社情報(会社概要)、事業案内、商品紹介を読み込み、経営理念、ビジョンや社長のあいさつからは企業がめざす方向性が読み取れます。

有料ですが、帝国データバンクや東京商工リサーチなどの企業情報データベースも有効活用しましょう。売上高や利益の業績推移、事業の状況、取引先情報などがわかります。売上規模によって取引額がある程度決まってきますから、押さえておきたい情報です。

新規顧客訪問前の準備内容

【新規顧客へのアプローチ方法】

アプローチ法	利点	欠点
紹介	面談確率が高い 短期間で面談可能	紹介者への返礼が必要な場合がある
販売代理店・商社の活用	販売代理店・商社が有するネットワークを活用できる	成約した場合、仲介マージンが発生する
飛び込み訪問（アポなし訪問）	アポなし訪問が受容される業界ではいまだに有効	受付で撃退される確率が高い
テレアポ	限られた時間でテレアポ件数を数多くこなせる	アポの確率が低い
業界団体のイベント活用	出席者名簿を確認したうえでキーパーソンに対面できる	同じ目的の参加者が多い 会話の時間が短い
セミナーの開催	当社を理解してもらいやすい キーパーソンに対面できる	時間がかかる 準備の手間・費用が大きい
展示会への出展		

【顧客にかかわる情報の情報源】

● **企業ホームページ**
会社情報（会社概要）、事業案内、商品紹介
経営理念、ビジョン、社長のあいさつ
設立年、社員数、決算月、資本金、役員一覧、事業所配置

● **就職・転職サイト**
詳細な仕事内容、従業員目線の口コミ

● **ＳＮＳ**

● **有料企業情報**
売上高や利益の業績推移、事業の状況、取引先情報

● **業界情報**
新聞やニュースに掲載された最新の業界情報
シンクタンクや業界団体が調査公表する資料

7-3

「アポ獲得」プロセス

テレアポで 次回訪問の約束をとりつける

電話に至る経緯やつながりを説明してから用件を話す

飛び込み訪問は非効率ですし、**アポ（面会の約束）**なしの訪問を受け付けない企業が増えています。そこで、電話でアポを獲得します。要領よく話せるように、件数が少なくても**トークスクリプト（台本）**を用意します。

面識がない、またはお互いの関係が浅い場合、相手にとってあなたからの電話は「どこで連絡先を知ったのだ」「忙しいのに仕事が中断される」と思われています。そこで、自己紹介で社名と名前を告げた後、「△△展示会のブースで名刺交換させていただきました」と、電話に至った経緯やお互いのつながりを言い添えます。

そして、仕事の時間を中断させた非礼を詫びます。これはワンパターンなフレーズであっても、相手の気持ちをなごやかにさせます。続いて「ぜひお会いしてお伝えしたいことがあって、お電話しました」も定型フレーズで進めます。

本題は単刀直入に、相手のメリットを明確に

ここから本題です。台本どおりに「御社にぴったりの新商品Aが発売されます。新商品発売キャンペーンが始まりますので、いち早く社長に紹介させてください」と切り出します。

相手が拒否反応を示さない限りは「ありがとうございます」とたたみかけて、訪問アポをとります。「現時点で必要ありません」「用があったときにこちらから連絡しますから」のように、相手が渋っているようならば、「５分だけでかまいませんので、ぜひお時間をいただければと思います」とこちらの熱い気持ちをぶつけます。相手の態度が軟化したら「来週水曜日の15時でご都合はいかがでしょ

テレアポのトークスクリプト（台本）

自己紹介	○○株式会社の◇◇と申します。△△展示会のブースで名刺交換をさせていただきました。	社名と名前を告げる。電話に至った経緯やお互いのつながりがあれば言い添える。
非礼を詫びる	【定型フレーズ】 お忙しいところにお電話してすみません。	忙しい仕事の時間を中断させた非礼を詫びて、聞いてもらえる状態をつくる。
趣旨説明	【定型フレーズ】 ぜひお会いしてお伝えしたいことがあって、お電話しました。	買う／買わないでなく、会う／会わないの判断をしてもらう。
面会希望の理由	御社にぴったりの新商品Aが発売されます。新商品発売キャンペーンが始まりますので、いち早く社長に紹介させてください。	新商品やキャンペーン内容は、訊かれてもしゃべらない。会ってから話す。
熱い想い	5分だけでかまいませんので、ぜひお時間をいただければと思います。	相手が難色を示したら、5分だけでも、と熱く拝み倒す。
面談日時の設定	つきましては、来週水曜日の15時で、ご都合はいかがでしょうか。	相手に日時の都合を訊くと答えてもらえない。こちらから日時を示す。

うか」とこちらから日時を提案します。

　また、「時間がないのでこの電話で説明してください」という相手の言葉を真に受けて、電話で詳細を説明してしまうと、「もうわかったから来社しなくてよい」といわれます。営業は「とにかく会う」ことがスタートです。

7-4

「初回訪問」プロセス

自社のウリを30秒で伝える

ウリを際立たせて顧客に記憶させる

初回訪問で「○○機械工業の□□です。このたび御社の担当になりました。よろしくお願いします」と自己紹介しても、相手から反応がなくて困ったことはありませんか。

話のきっかけを用意するために、自社のセールスポイントや他社との差別化ポイント、いわば「**ウリ**」を自己紹介のなかに入れます。初めて会う人が意識を集中して聞いてくれるのは最初の30秒です。30秒以内で相手が興味を引けるように自己紹介をまとめます。

誰に、何を、どのように、の３要素をおさえる

右ページの図は、自動車部品製造業（プレス加工業）のＡ社の事例です。相手にウリをきちんと伝えるには、自社の技術やノウハウの棚卸しから始めます。ＳＷＯＴ分析の結果をもとに、設備、技術（ヒト）、材料、品質、コスト、納期の視点から書き出します。

次に、「**誰に**」「**何を**」「**どのように**」の３つが大切です。自社の顧客とその困りごとを思い浮かべながら、自社の得意技である「どのように」を決めます。Ａ社では「独自の金型製造システムと一貫生産体制」を選びました。続いて「誰に」では、「調達のムダを減らしたいメーカー」、何を（顧客の困りごとを解決するもの）としては「試作品から量産品まで最適ロットサイズでの生産」を考えました。自動車部品では、試作品は数個単位、量産品では万個単位とロットサイズが大きく異なるため、試作と量産は別々のメーカーが担うことが一般的ですが、両方できることがＡ社の強みです。

こうした３つで構成した「ウリ」を一言にまとめて「１個でも！１万個でも！ 貴社の生産のムダを減らします。」というキャッチコ

「ウリ」の作成方法

（例）自動車部品製造業（プレス加工業）

【自社の技術・ノウハウの棚卸し】

設備	特殊な機械装置、一貫生産体制、本社併設工場
技術（ヒト）	独自の金型製造システム、熟練技能者の技術
材料	幅広いニーズに応じた材料の品揃え、豊富な在庫
品質	試作と量産それぞれに適した品質管理体制
コスト	独自製造システムによる低コスト（少量～大量）
納期	最短○○日

▼

【ウリとキャッチコピーの考え方】

誰に 顧客とその困りごと	調達のムダを減らしたいメーカー	**それを一言で** 1個でも！ 1万個でも！ 貴社の生産のムダを減らします。
何を 顧客の困りごとを解決するもの	試作品から量産品まで最適ロットサイズでの生産	
どのように 自社の得意技	独自の金型製造システムと一貫生産体制	

出典：営業力を科学する売上ＵＰ研究会（小川ほか営業力診断分科会）

ピーをつくりました。キャッチコピーがあれば、次項で紹介するＡ社の会社案内の表紙に掲載したり、営業員が自己紹介で説明したりすることで、初回訪問で顧客に強い印象を残せます。

7-5

「会社・商品の説明」プロセス

ウリを織り込んだ会社案内をつくる

パワーポイントでスピーディに会社案内をつくる

貴社の会社案内はいつ制作しましたか。５年以上前につくって更新していないような会社案内ではありませんか。商品カタログがなくて、図面や商品の実物で代用していませんか。

相手が当社のことを知らない状態からスタートする新規顧客開拓では、自社の特長をわかりやすく説明する資料が不可欠です。

前項の自動車部品製造業のＡ社は、右ページ上段の会社案内を新たにつくり、顧客に印象づけるために以下の情報を載せました。

①会社の概要：経営理念、沿革、会社基本情報、取引先一覧など
②キャッチフレーズ（企業のウリを一言にまとめる）
③事例の紹介（生産工程を複数の写真で説明する）
④技術・設備の紹介（顧客が知りたい情報を詳細に記述）

Ａ社は地域のマッチングフェアで配布して、10件近くの引合を獲得したそうです。同社にとって初めてのチラシ配布でしたが、自社の特長をビジュアルにまとめて、自分から伝える重要性を実感したそうです。

オフセット印刷の会社案内だと信頼感が増す

右ページ下段の会社案内チラシは筆者の事例です。パワーポイントで制作して印刷通販会社に発注すると、数百部単位でオフセット両面カラー印刷のチラシをつくれます。１種類で数千円ですから、１部あたりではカラーコピーよりも安上がりです。そして、カラーコピーよりも好印象です。情報が陳腐化したら、早めに刷り直して、最新情報をカッコよく顧客に手渡しましょう。

ウリを織り込んだ会社案内（例）

【自動車部品製造業の会社案内（A3サイズ２つ折り）】

【㈱売上ＵＰ研究所のチラシ（Ａ４サイズ）】

出典（上段）：営業力を科学する売上ＵＰ研究会（小川ほか営業力診断分科会）

お役立ち情報を会社が用意する

毎回１件のお役立ち情報を持参する

よほど困ったことがないと、顧客から話を切り出してもらえません。特に、数回顔を会わせた程度の営業員に話はしないでしょう。

顧客から話を引き出すには、「お役立ち情報」がよいきっかけになります。訪問時に必ず情報を持参します。提供する情報は「１回の訪問につき１件」。一度に複数の情報を提供しても相手は忙しくて聞いてくれないし、情報が多過ぎると消化不良になりがちです。さらに、当方が提供できる情報がすぐになくなってしまいます。

自社独自のニュースを定期的に発行する

筆者が支援している石油製品卸売業Ｓ社の事例を紹介しましょう。同社では、ガソリン・軽油・重油などの石油製品を、運送業者や工場に卸売りしています。Ｓ社では石油製品の値動きをビジュアルなグラフで表わして、今後の市況予想を文章で書き添えた、Ａ４両面カラーの「マーケットニュース」を制作しています。石油製品は値動きが激しく、適切なタイミングで購入しないと割高になります。ですから、値動きの情報提供は大変喜ばれます。

創刊号の発行から半年経つと、顧客からおほめの言葉をかけられるようになり、やがて新規契約の獲得につながりました。ニュースの下段に掲載しているお薦め商品の広告を見て「御社では（石油製品だけでなく）電気も取り扱っているのですね」と気づいたのがきっかけでした。単に配るだけでなく、お薦め情報を１つ選んで、自分で説明することがポイントです。月２回発行のペースを切らすことなく、当原稿を書いている時点で、３年以上続けています。

筆者の別の支援先である樹脂製品卸売業のＭ社は毎週、独自のニ

継続的に発信するお役立ち情報（例）

【マーケットニュース（石油製品卸売業Ｓ社、月２回発行）】

1.元売り基準価格及び先物価格

①元売り基準価格

油種ごとの価格推移

油種 適用日			
5/21-27	115.8	[illegible]	-0.5
5/28-6/3	115.3	64.0	-0.5
6/4-10	116.8	65.5	+1.5
6/11-17	118.8	67.5	+2.0
6/18-24	119.3	68.0	+0.5
6/25-7/1	120.3	69.0	+1.0
7/2-8	121.3	70.0	+1.0

		油 ¥/L	Dubai原油 ¥/L
2021/7			50.78
2021/8	119.40	64.50	50.08
2021/9	118.87	63.90	49.55
2021/10	117.80	63.63	49.02
2021/11	116.70	63.40	48.62
2021/12	115.75	63.15	48.22
2022/1	115.39	63.20	

価格トレンドをグラフ化

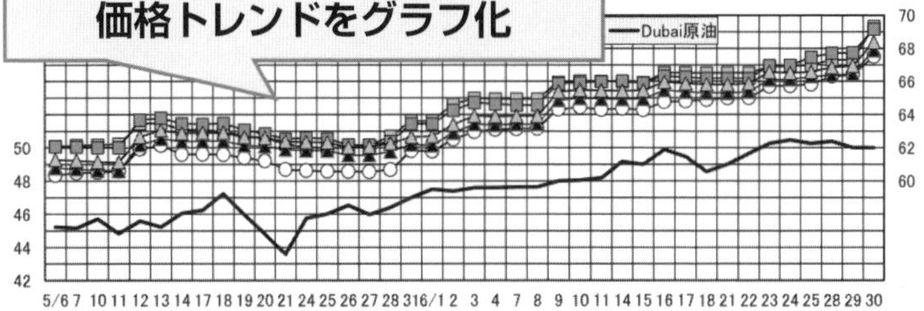

3.原油マーケット

WTI原油価格は、ワクチンの普及の進展を受け景気回復が本格化するとの期待から上昇基調で推移しています。6月半ばにFRBの利上げ予想を受けた米株式市場の下落により一時値下がりしましたが、EIAの統計で原油在庫が5週連続で減少したことなどから、堅調な需要回復が今後も続くと予想され再び上昇基調となり、足元は70ドル台前半で推移しています。また、イランで反米保守強硬派のライシ師が大統領選で勝利したニュースを受け、米国との核合意再建の交渉が難航し、イラン産原油の供給が遅れるとマーケットは予想しているようです。

一方で、OPEC+が8月以降も段階的な増産を予定していると報じられており、需給が緩みトレンド転換が起きる可能性には注意が必要です。

Ｓ社のお薦め商品の広告

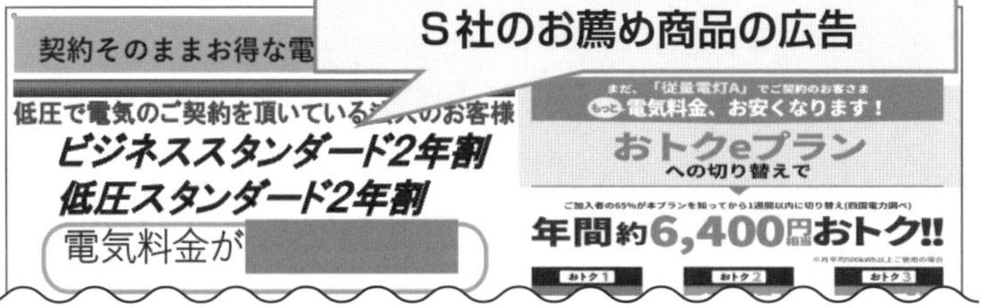

ュースを発行しています。営業員が書く日報からヒントを見つけて、Ａ４片面の文字びっしりのニュースを作成して、営業員が毎週メールや訪問時に渡しています。

事例で紹介した２社は欠かさず続けています。顧客は口には出しませんが、大変評価しています。それだけ情報提供が重要なのです。

7-7

「顧客の情報把握」プロセス

次回訪問するための宿題をもらう

訪問するにはネタが不可欠

顧客への訪問が続くと、次回訪問するためのネタが尽きてしまい、困るようになります。特に、相手との人間関係が薄い新規顧客開拓ではなおさらです。営業力診断アンケートの結果を分析すると、顧客訪問を増やせない理由として、「時間がない」と「行くネタがない」が二大原因になっていることからも明らかです。

顧客訪問を継続するためには、毎回の訪問で必ず、次回訪問のきっかけとなる「宿題をもらう」ようにしましょう。

要望の背景をさぐると顧客の情報を把握できる

顧客から商品カタログを求められたら、その場で渡していませんか。顧客はそれで満足してしまい、話が続かなくなるケースが多々あります。優秀な営業員ほど最初にカタログや見積価格を出さず、顧客と会話して情報を聞き出そうとします。

カタログを必要とする理由は必ずあります。そこで、「最適な商品を選ぶために、具体的なお困りごとやご要望を教えていただけますか」と切り返しましょう。困りごとがわかれば、カタログに加えて、導入事例を次回以降の商談で紹介できます。

「カタログがほしい」「大体の価格を知りたい」「導入実績を教えてほしい」などは、商談初期の「よくある質問」です。求められたとおりに答えずに、その背景にある顧客の目的を探りながら、宿題を獲得して次回訪問につなげましょう。

このようなやりとりを続けるなかで、顧客の情報を把握できるようになり、次の初回提案プロセスにつなげていきます。

次回訪問につながる宿題のもらい方

客の質問・要望	当方の疑問	宿題をもらう質問
商品カタログをもらえますか。	カタログを渡すと客は満足して、今回の商談で終了してしまう。	お客様に最適な商品を選んでいただくために、具体的なお困りごと、ご要望を教えていただけますか。
大体でよいので価格を教えてください。	標準価格ならこの場でいえるが、価格を知りたい背景は何だろうか？	仕様によって価格が大きく違います。ご要望をもとに仕様や価格を絞り込める資料で次回にご説明します。
導入実績を教えてください。	導入事例集を渡せるが、どのような事例を想定しているのだろうか？	用途や仕様を教えていただければ、最適な導入事例やお客様の声をご紹介できます。

その場で次回アポを獲得する

商談終了時に「調査したうえでご報告します」と述べたうえで、その場で次回商談のアポを獲得しましょう。いま以上にアポをとりやすいタイミングはありません。「いつがよろしいですか」と相手の都合を尋ねるのではなく、こちらから「来週の同じ水曜日の15時でご都合はいかがでしょうか」と日時を指定して提案します。

相手に日時をいわせるのではなく、「はい／いいえ」で答えてもらうことがカギです。こうやって面談を続けて、信頼関係を徐々に高めていきます。

提案は初回提案と個別提案の2回行なう

初回提案は企業が用意した提案書ひな型を使う

提案には２段階あります。営業プロセスの詳細版（７－１項）でいうと、「初回提案」プロセスと「個別提案（プレゼン）」プロセスで行ないます。

初回提案は、顧客が商品の基本的な部分や費用感を知りたい段階で実施します。提案内容をつくり込む必要はなく、企業で共有している**提案書ひな型**を用います。

個別提案（プレゼン）の資料は時間をかけてつくり込む

初回提案を受けて、顧客が商品をイメージできるようになれば、困りごとや課題を話してもらえるようになります。それを受けて、その解決策を織り込んだプレゼンテーションを行ないます。

工場に設置する機械であれば、顧客の生産量や稼働条件などの情報を入手して、提案書ひな型をもとに、営業員が時間をかけてつくり込みます。

企業が営業ツールを用意し、営業員は修正して使う

提案書を営業員がそれぞれ作成しているケースが見られます。提案書には、背景（現状の問題点）、コンセプト、特徴、機能、メリットなどが含まれ、一営業員に作成させるのは酷な面があります。また、複数の人が同じ作成作業をすることは時間のムダです。

そこで、営業員が共通して使う営業ツールは、営業企画系のスタッフが、開発者と相談しながら作成することをおすすめします。

詳しい人がひな型をつくって共有し、営業員は顧客の状況に合わせて修正する役割分担にすれば、生産性が高くなります。

企業として揃えるべき営業ツール

【商品提案に用いる】

- **会社案内、商品カタログ**
  自社の概要・強み・設備・品揃えなどを商談初期に伝える
- **提案書ひな型**
  主要商品について用意しておき、営業員が修正して用いる
- **導入事例集、お客様の声**
  導入後の使用イメージや導入メリットを理解してもらう

【商品を詳細検討するために用いる】

- **詳細仕様書、商品写真集、サンプル**
  提案書を提示した後、顧客が詳細を知りたいときに用いる
- **競合との比較表**
  競合品と比較した優位性を伝えて、当社品を選定してもらう
- **コストメリット計算書**
  競合品、使用中の既存品と比較して、金額メリットを提示する
- **図面、性能・試験データ**
  顧客側の技術者や工場関係者の求めに応じて提出する

【見積提示に用いる】

- **見積書ひな型**
  主要商品について用意しておき、営業員が修正して用いる
- **補助金・助成金や税制情報**
  導入コスト削減に使える情報として半年ごとに更新する

【その他】

- Q＆A集
  お客様からよく質問を受ける項目について模範解答をまとめる

営業会議の議題に成功事例を説明する時間を設けておき、営業手法や提案資料を発表すれば、営業員で情報共有できます。上図に示したのは、企業として取り揃えておくべき営業ツールの一例です。

7-9

顧客の困りごとや課題を聴き出す

ＢＡＮＴに沿って案件情報を聞き出す

法人営業で受注するためには、必ず押さえておくべき必須項目があります。それはＢＡＮＴであり、「Budget（予算）」「Authority（決裁権）」「Needs（ニーズ）」「Timeframe（導入時期）」の４つの頭文字からとった略語です。

法人営業の特徴（１－２項）として、予算を確保していなければ、買い手側当事者と商品の仕様や価格で合意できても、企業の購入承認は得られません。また、顧客のニーズを理解しておかないと商品の仕様を決められません。

したがって、ＢＡＮＴの４項目のうち、予算・ニーズ・導入時期は「困りごと・課題の把握」プロセスで、決裁権は「見積提示」プロセスの手前で押さえておかないと、商談に支障をきたします。

案件や競合の状況を聞き出す

最適な仕様やシステム構成、サービスプランを提案するためには、顧客から案件情報を聞き出すことが不可欠です。そして、顧客は必ず複数の売り手候補を比較しますので、競合情報を知ることが大事です。競合の提案内容をつかんだうえで、それを上回る提案をすることで主導権を握ることができます。

把握しておくべき競合情報

１．競合企業名
２．提案型式・モデル名
３．価　格
４．納　期
５．商談の進捗状況

ＢＡＮＴの４項目

B Budget（予算）

顧客が商品を購入するための予算を確保しているか？
予算がある場合には、予算額と予算を使用できる時期を詰める

A Authority（決裁権）

商品の仕様を決定する人、購入を決裁する人は誰か？
決裁ルート、会議で決める場合は会議開催日を確認する

N Needs（ニーズ）

顧客ニーズは明確か？ 顧客企業内で合意できているか？
【ニーズを明らかにする質問方法】
①顧客の抱える問題・ニーズについてあらかじめ仮説を立てる
②顧客の状況を理解するために、大きく網をかける質問をする
③糸口が見つかったら深く掘り下げ、ニーズを明確にする

- オープン型の質問～相手に考えさせて広い範囲で情報収集
  （例）故障が続くと、１か月の損失額はどれくらいでしょうか？
- クローズ型の質問～重要事項の確認
  （例）修理するよりも機械を入れ替えることで社内合意できているのですね？

T Time frame（導入時期）

商品の導入時期が決まっているか？
導入時期は、予算の都合と現場の都合の２つから決まる

7-10

「見学・テスト」プロセス

営業プロセスに必勝アクションを組み込む

自社の必勝アクションを意識する

どの企業にも、「この流れにはまると、受注確率がグッと上がる」という**必勝アクション**があります。筆者が支援したある会社では、工場の製造ノウハウが強みでした。工場見学に持ち込めば、高い確率で受注できることが、経験則からわかっていました。

そこで、工場見学を必勝アクションとして、営業プロセスのなかに組み込みました。営業プロセスの位置としては、個別提案を終えた後で、見積提示の前にあたる「見学・テスト」プロセスです。

必勝アクションに持ち込む伏線をはる

工場見学に持ち込むためには、情報提供や初回提案のプロセスで、工場の製造ノウハウをアピールして、工場見学にお誘いする決めごとにしました。営業ツールとして「○○工場の強み」「○○工場見学ルートマップ」という２種類のチラシをつくりました。そのチラシを使って工場の製造ノウハウを説明して、工場見学を提案します。

資料を作成するだけでなく、どのように説明するかも大切です。チラシを使って工場を説明するロープレ研修を行なったり、ベテラン営業員が教師役となって、製造方法や設備を学ぶ勉強会を定期開催したりしています。

それ以外にも、顧客に実際に使ってもらって操作性を体験してもらう効果が高い商品であればデモンストレーション（機械・装置の実演）やモニター・テストを、取引実績や導入事例の多さが訴求ポイントである商品ではユーザー見学会を、営業プロセスに組み込むと効果的です。

必勝アクションの組み込み方

【必勝アクションの見つけ方】

自社の強み		必勝アクション
工場の製造ノウハウに優位性がある	▶	工場見学
実際に使ってもらって体験してもらう効果が高い商品	▶	デモンストレーション モニター・テスト
取引実績や導入事例の多さが訴求ポイントである商品	▶	ユーザー見学会

【必勝アクションへの導き方】

段階	プロセス
成約	受注
	見積提示
	見学・テスト
	個別提案（プレゼン）
	困りごと・課題の把握
	初回提案
関係づくり	顧客の情報把握
	情報提供
	会社・商品の説明
	初回訪問
	アポ獲得
	事前の情報収集

（「見学・テスト」から）
「見学・テスト」プロセスに必勝アクションを組み込む
- 工場見学
- ユーザー見学会
- デモンストレーション
- モニター・テスト

など

（「情報提供」から）
必勝アクションが工場見学の場合の例

「○○工場の強み」「○○工場見学ルートマップ」という２種類のチラシを使って工場の製造ノウハウをPRして、工場見学を提案する

出典：営業力を科学する売上ＵＰ研究会（坪田ほか管理力分科会）

7-11

「見積提示」「受注」プロセス

懸念点をつぶしてクロージングする

クロージングの際には懸念点を聞き出して解消する

商談を積み重ねていくと、見積や取引条件を提示し、条件交渉をして、やがて**クロージング**する場面に至ります。弱気な営業員は失注を恐れて、顧客の注文意思を確認することを遠慮しがちです。しかし、商談に対する相手の目的は同じですし、お互いに先に延ばすと時間の浪費です。タイミングをとらえてクロージングしましょう。

もっとよい条件で買えるかもしれない。競合他社品のほうがよいかもしれない。導入して効果が出なかったらどうしよう——このような懸念を顧客が抱いていると、発注には踏み込めません。クロージングでは顧客の懸念を聞き出して１つずつ解消していきます。

敗戦から次のチャンスをつかむ

「せっかくのご提案ですが、今回は他社さんにお願いすることにしました」と顧客から断わられる場面も出てきます。プロ野球ではどんな大打者でも、年間打率が４割に達したことはありません。つまり、３回のうち２回は失敗するわけですが、失敗を恐れて打席に立たなければ、ヒットは打てません。営業員も同じです。

企業は事業を継続する限り、何度も発注します。敗者復活戦の機会は必ずあるので、次の商談で勝てばよいのです。そのためには、今回なぜ負けたのか、その**敗戦理由**をつきとめて明日からの行動にフィードバックすることが大切です。

敗戦直後なら敗戦理由を詳しく教えてもらえる

どの会社のどの商品に負けたのかを確認した後に、当社の商品や取引条件のどこが、他社に比べて劣っていたのかを素直に訊きます。

敗戦理由を確認する話法の例

お客様の断りトーク	営業員の切り返し話法	お客様の回答
せっかくのご提案ですが、今回は他社さんにお願いすることにしました。	当社がご提案した商品や条件はいかがでしたでしょうか。	金額面ではほぼ同じでしたが、他の部分の提案が違いましたよ。
	当社でも検討したいので、詳しく教えていただけないでしょうか。	当社の工場が安心できるアフターサービス体制が魅力的でした。
	次回、当社でもお役に立つ提案をさせていただきます。	ぜひよろしくお願いします。

「当社がご提案した商品や条件はいかがでしたでしょうか」こんなにストレートに訊いて大丈夫？　と思うでしょう。商談中は顧客もよい条件を引き出そうと駆け引きするのですが、商談が決着するといわばノーサイドです。特に、自分が不採用にした営業員には負い目があるので、ていねいに教えてもらえます。

「金額面ではほぼ同じでしたが、他の部分の提案が違いましたよ」と教えてもらえたら、「当社でも検討したいので、詳しく教えていただけないでしょうか」というふうに、切り返しましょう。

このやりとりから顧客の経営者が「この担当者は謙虚だし当社に対して熱意をもっているな」と好感を抱くことは確実だし、あなたの上司は「競合の条件をよく聞き出した。うちも負けないように対策を練ろう」と励ましてくれるでしょう。つらい経験を謙虚に反省して、次に役立てましょう。

7-12

商品や売り込み方の勉強会を行なう

組織としての営業支援活動が、営業活動を下支えする

前項まで、営業プロセスごとに営業員が用いる営業手法や営業ツールを解説してきました。ここからは、営業活動を補強するために欠かせない、組織としての営業支援活動を紹介していきます。勉強会、ロープレ、応酬話法などの営業教育、そしてデジタルマーケティングについてです。

大事なイベントの前に勉強会を行なう

新商品の発売、キャンペーンや展示会などを行なうにあたり、営業員がスムーズに説明できるように、営業員を集めて**勉強会**を開きます。たとえば展示会であれば、会期直前の勉強会ではタイミングが遅すぎます。顧客を訪問して展示会のポイントを説明して来場を促しますから、その前に勉強会を行ないます。

勉強会の講師は、社内で一番よくわかっている部署の担当者が適任です。新商品・新技術であれば、商品企画や開発に携わった担当者、キャンペーンや展示会ならば、販促・営業企画スタッフに講師を務めてもらいます。社外から仕入れた商品であれば、メーカーや商社が喜んで協力してくれるはずです。

勉強会の内容については、新商品・新技術であれば、コンセプト、特長、価格、他社品との違いなどを説明します。キャンペーンであれば、イベント告知チラシと対比しながら、キャンペーン内容・特典、期間や条件など。展示会の場合は、展示会コンセプト、展示する商品とその特長、セミナーなどの併設イベントなどが説明内容の候補になります。

必ず用意したいものが、よくある質問を列挙してそれに対する模

勉強会のテーマと内容

テーマ	講師役	内　容
新商品・新技術	商品企画、開発の担当者	コンセプト、特長、価格、他社品との違い、Q&A集など
キャンペーン	販促・営業企画の担当者	キャンペーン内容・特典、期間や条件など
展示会	販促・営業企画の担当者	コンセプト、展示商品とその特長、併設イベント、Q&A集など
営業トークのロープレ	営業（自分たち）	上記イベント時、若手が対応に困る営業シーンなど

範回答を記載した「Ｑ＆Ａ集」です。たとえば新商品発表であれば、印刷物に記載して手渡せないけれども、営業員が口頭で説明しておいたほうがよい情報です。勉強会の講師をつとめる企画担当者にとっては当たり前の情報でも、営業員が知らない情報はたくさんあります。

営業トークはつねに鍛える

新商品の発売、キャンペーンや展示会に向けて、次項で説明するロープレを行なって、営業トークを学び、鍛えていきます。実際に話すことで、説明方法や質疑応答を改良できて、本番での成功確率を高められます。

特段のイベントがなくても、毎月の営業会議の後に必ず勉強会やロープレを行なう会社も見られます。営業員が自信をもって営業トークができるように、勉強会などの年間計画を立てて、計画的に実施することをおすすめします。

7-13

ロープレで苦手な営業シーンに慣れる

擬似体験して本番で成功する

プロ野球選手が、練習を積み重ねて試合で力を発揮できるように、営業にも練習は欠かせません。自信をもって商談に臨み、成果を上げられるようになるには、**ロープレ**が有効です。

ロープレとは、営業員に営業シーンを擬似体験してもらうことで、実際の現場で適切に対応できるようにする営業トレーニング手法です。ちなみにロープレとは「ロール（role：役割）プレイング（playing：演じる）」の略語で、「役割を演じる」ことを意味します。

ロープレによって、苦手な営業シーンに慣れることができ、課題や改善のポイントがわかります。新人や若手の営業員向け研修で使われることが多いですが、それ以外にも、新商品が発売されたときや、展示会で説明するときなど、若手に限らず営業全員で営業トークをマスターするために行なうケースもあります。

ロープレの種類

もっともポピュラーなロープレは**３人制ロープレ**です。営業役、顧客役に加えて、オブザーバー役を用意します。商談当事者でないオブザーバーは、中立の立場から商談を観察できるので、新たな気づきが生まれます。ロープレが終わったら、よい点や改善したほうがよい箇所についてフィードバックを行ないます。

プレゼンロープレは、「商談で新商品を説明したい」「説明会や展示会でプレゼンしたい」場合に最適です。営業（１人）が顧客（多人数）に対して、新商品説明やプレゼンを行なう模擬練習です。ロープレのやり取りをＱ＆Ａ集にまとめれば、営業ツールとしても役立ちます。

ロープレの効果と種類

【ロープレ】

営業員に営業シーンを擬似体験してもらうことで、実際の現場で適切に対応できるようにする営業トレーニング手法

【ロープレの効果】

- 苦手な営業シーンに慣れる
- 課題や改善のポイントがわかる
- 営業員どうしでノウハウを共有して、成功パターンをつくる
- 新人・若手営業員の教育・研修に活用できる

【ロープレの種類】

3人制ロープレ

営業役、顧客役に加えて、オブザーバー役を用意します。オブザーバーが中立の立場から商談を観察することで、新たな気づきが生まれます。

プレゼンロープレ

営業（１人）が顧客（多人数）に対して、新商品説明やプレゼンを行なう模擬練習です。

出典：営業力を科学する売上ＵＰ研究会（田中ほか商談力分科会）

7-14 営業シーンを設定して ロープレの精度を高める

営業シーンを設定する

互いをよく知る同僚どうしでロープレを行なうと、照れたりして緊張感が損なわれがちです。そこで、実践的かつ効果的なロープレを実施するためには、どのような商談場面なのかを設定します。２章のＳＷＯＴ分析や３章の営業方針に登場した産業機械メーカーを例にして進めてみましょう。

まず、顧客の情報を設定します。従業員100名あまりの加工食品工場で、主な製造品目はレトルト食品。年式の古いボイラーが稼働しており、最近は故障しがちです。面談相手は、工場の施設管理を担当する工場の管理部長です。

今回の商談場面は、顧客に出入りする燃料供給会社から紹介を受けたもので、２回目の訪問です。「顧客の情報把握」プロセスの位置づけで、顧客の情報や課題を確認していく場面です。

このように商談の目的や場面を詳細に決めておき、関係者で共有します。現在の営業段階がどのような段階にあるのかという設定も重要です。たとえば、この訪問が何回目であるか、もしくはクロージングの段階など、リアリティーが出るように具体的に設定します。

ロープレチェック項目を使ってフィードバックする

営業シーンに応じて、５分あるいは10分と時間を決めてロープレを行ないます。ロープレを終えたら、オブザーバー役や顧客役が**ロープレチェック項目**（右ページ図を参照）に沿ってフィードバックします。まずは「よかった点」をあげて、営業員を励まします。その次に、改善すべき点を具体的にフィードバックします。

ロープレの設定とチェック項目

【顧客情報の設定】

（例）産業装置メーカー
（主力商品がボイラー）

従業員100名あまりの加工食品工場
主な製造品目はレトルト食品
年式の古いボイラーが稼働しており、最近は故障しがち
面談相手は、工場の施設管理を担当する管理部長

【商談場面の設定】

経緯：同社に出入りする燃料供給会社からの紹介、２回目の訪問
営業プロセス：顧客の情報把握

【ロープレでよく行なう営業プロセス】

営業プロセス	具体的な営業行動
受注	クロージング（条件交渉）、成約後の進め方の確認など
個別提案（プレゼン）	顧客の状況を踏まえた補強提案
困りごと・課題の把握	初回提案への反応の聴取、困りごとの詳細把握
初回提案	商品提案、メリット訴求など
顧客の情報把握	当方の情報提供に対する反応の確認、相手の仕事内容や課題の確認など

【ロープレチェック項目（例）】

● 商談全体の印象
①言葉づかい、表情、態度は適切であったか
②営業員の対応から、誠実さ、熱意、信頼を感じたか

● 商談の内容
③顧客の情報や困りごとを聞き出せたか
④顧客の質問に答えられたか。答えにくい質問に受け答えできたか
⑤次回商談につなげられたか

出典：営業力を科学する売上ＵＰ研究会（田中ほか商談力分科会）

7-15 説明トークと応酬話法をあらかじめ用意する

大事な商談シーンはパターン別に応酬話法を用意する

「とにかくチラシを配れ！」では、若い営業員はついてきてくれません。経験豊富な上司ならどういう状況でも対応できるのですが、部下は質問に答えられない不安を抱えています。

新商品発売キャンペーンのチラシ配布であれば、チラシを渡す際の**説明トーク**を決めておきます。まず、新商品のメリットを３つのポイントにまとめて説明し、続いてキャンペーンの特典を具体的に数字で強調する流れを想定します。

せっかく顧客から反応を得られても、うまく返答できなければ、チャンスは台なしです。そこで、相手の対応を３パターンくらい想定して、パターンごとに切り返すトークを用意しておけば安心できます。これを**応酬話法**といいます。

従来品と比べた特長やメリットに興味を示した顧客に対しては、その装置を使った場合の生産性や消費電力をカタログで説明したいし、キャンペーン内容に興味をもたれたら購入期間や数量などの適用条件をすぐ回答できるようにします。「あまり興味ないねえ」といわれても、シュンとなってはいけません。すかさず「どんな情報にご興味がありますか。次回お持ちします」と返しましょう。

ロープレ後に応酬話法をつくるとモレがなくなる

担当者１人では限界があるので、営業員が集まって相談しながら、応酬話法を用意しましょう。

おすすめは、キャンペーンチラシ配布時のロープレを行ない、実際のトーク例を持ち寄ることです。説明がわかりにくい箇所、答えに詰まる箇所が発見できるので、それを反映させます。

説明トークから応酬話法への流れ

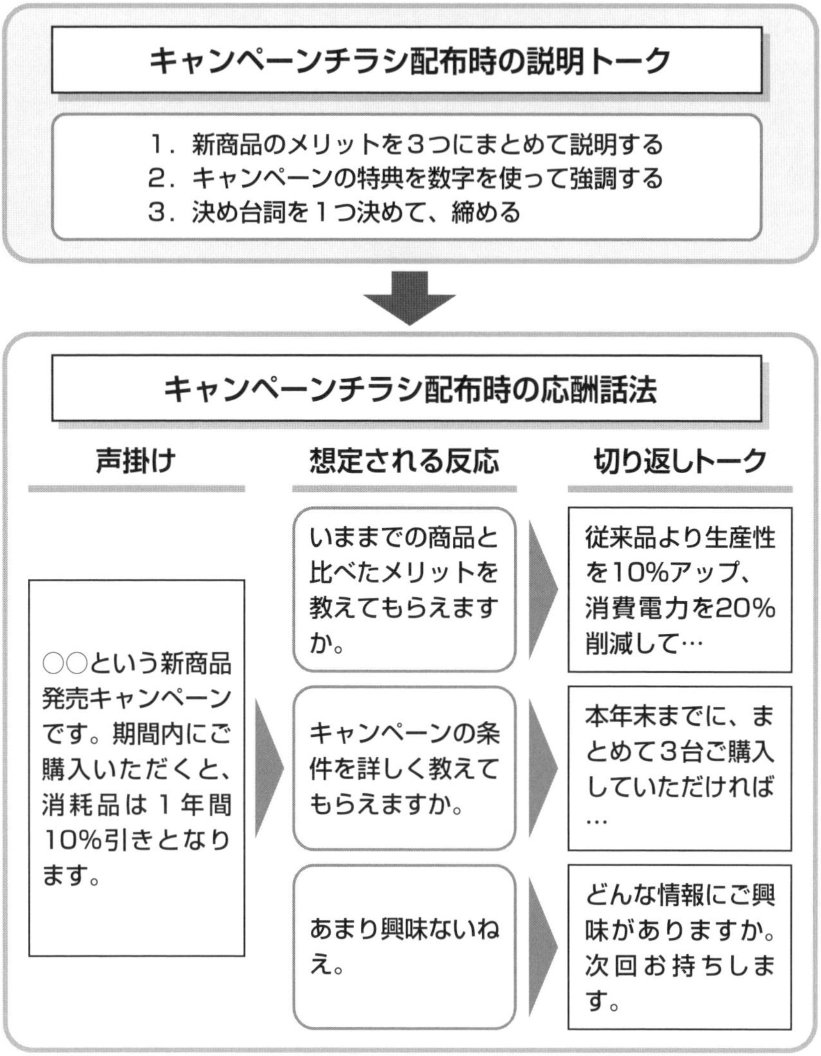

キャンペーンチラシ配布時の説明トーク
1．新商品のメリットを3つにまとめて説明する
2．キャンペーンの特典を数字を使って強調する
3．決め台詞を1つ決めて、締める
キャンペーンチラシ配布時の応酬話法
声掛け
想定される反応
切り返しトーク
○○という新商品発売キャンペーンです。期間内にご購入いただくと、消耗品は１年間10%引きとなります。
いままでの商品と比べたメリットを教えてもらえますか。
従来品より生産性を10%アップ、消費電力を20%削減して…
キャンペーンの条件を詳しく教えてもらえますか。
本年末までに、まとめて3台ご購入していただければ…
あまり興味ないねえ。
どんな情報にご興味がありますか。次回お持ちします。

応酬話法をつくる過程で、相手がどう反応するか前もって考える訓練ができます。すると、仮に想定外の反応があっても、何とか返せるようになります。実戦を重ねて改善しながら最適なトーク例をつくっておきましょう。

7-16

ＭＡで見込客管理を効率化する

顧客の購買プロセスの変化

インターネットが普及したことで、顧客がニーズや課題を認識したときの「最初の行動」が変わりました。以前はよく顔を出す営業員に相談していたのが、いまでは顧客自らインターネットで検索して情報収集するようになりました。

顧客は、自ら集めた情報をもとに比較検討を行ない、一次選考に残った企業に声をかけるようになったのです（右ページ上図）。

「知らない間に一次選考で落とされたら大変だ」と考えた企業は、図のアミ掛け部分、「顧客がニーズ・課題を認識」して「顧客自ら検索して情報収集」することを、先回りして察知することが重要だと気づきました。そのツールとしてＭＡが注目されています。

企業が情報発信して見込客の見込度を判定する

ＭＡとは、**マーケティングオートメーション**（Marketing Automation）の略語です。新規顧客の獲得や見込客の育成などを含めたマーケティング施策をサポートするためのツールであり、一言でいうと見込客管理システムです。

企業は、ホームページの資料ダウンロード、セミナーの受講、展示会での名刺交換で集めた見込客（リード）に対して、メールなどで定期的に情報を送ります。

メールに貼られたＵＲＬをクリックすると、その行動の履歴がＭＡに記録されます。企業はどのリードがどの程度の興味があるのかわかり、見込度が高いと判定したリードにアプローチすることで、一次選考の前に企業から顧客へアプローチすることが可能になりました。

購買プロセスの変化によるMAの登場

【購買プロセスの変化】

以前の購買プロセス

顧客がニーズ・課題を認識
▼
顧客が営業員に相談
▼
企業が情報提供
▼
一次選考
▼
企業へ提案依頼
▼
企業が提案
▼
二次選考

現在の購買プロセス

顧客がニーズ・課題を認識
▼
顧客自ら検索して情報収集
▼
▼
▼
一次選考
▼
企業に声掛け・提案依頼
▼
企業が提案
▼
二次選考

【MA(マーケティングオートメーション)】

新規顧客の獲得や見込客の育成などを含めたマーケティング施策をサポートするための見込客管理システム

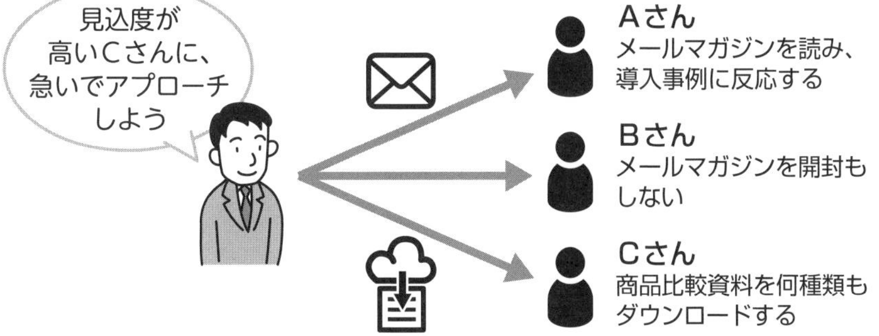
【顧客の反応】
見込度が高いCさんに、急いでアプローチしよう
Aさん
メールマガジンを読み、導入事例に反応する
Bさん
メールマガジンを開封もしない
Cさん
商品比較資料を何種類もダウンロードする

7-17

デジタルマーケティングに積極的に取り組む

広い範囲から効率的に見込客を集客する

前項のＭＡと関係しますが、インターネットやＩＴ技術を用いた**デジタルマーケティング**（以下、デジマ）に取り組むことで、アプローチする顧客の範囲を広げ、かつ、生産性を高めた営業活動が可能になります。

いままではオフライン（リアルな現場）の展示会、セミナーや広告（新聞、雑誌、業界紙）により見込客を集客してきました。これらに加えてオンラインを活用することで、集客を広げていきます。

集客においては、自社Webサイトが中核になります。Webサイトの魅力を高めて、グーグルなどで検索してきた来訪者を増やします。並行して、オンライン広告やＳＮＳも企業の認知を高める効果が大きく、集客につながります。

デジタルマーケティングは見込客の育成が得意

いままでは、見込度が低い客に営業員がアプローチしてしまい、次につながりづらく非効率でした。デジマはこの部分が得意です。接点ができた**見込客（リード）**に対してメールマガジンやブログで情報発信します。**お役立ち情報（ホワイトペーパー）**や事例紹介を読んでもらい、資料ダウンロードを促します。

デジマのよいところは、リードがメールマガジンを開封したか、貼り付けたリンクをクリックしたか、当社Webサイトを閲覧したか、お役立ち資料をダウンロードしたのか、その履歴が残ることです。

事例紹介は購入後の効果を知りたいとき、商品比較資料は商品購入を具体的に検討するときのように、閲覧したリードの意図がつかめます。どの情報に反応したのかをスコア化して、見込度を計算し

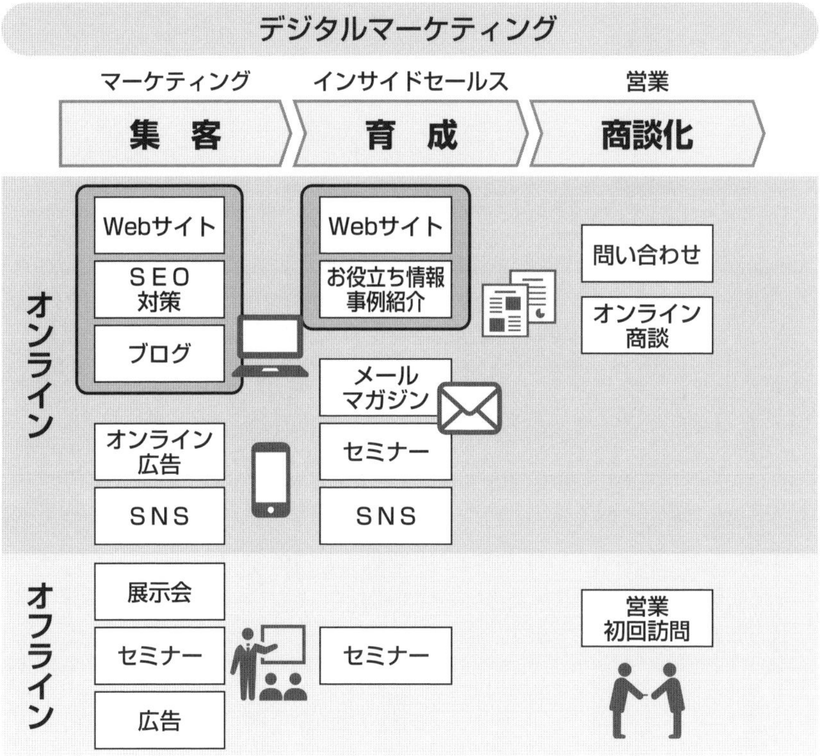

ます。これが前項のＭＡの機能になるのですが、デジマは見込度を高める**育成**（**ナーチャリング**）が得意です。

デジタルから対面へ引き継ぎ

見込度が高まってきたリードに対して、**インサイドセールス**（**内勤営業**）がメールや電話で面談アポを獲得して、**営業**が引き継いで顧客を訪問します。ここまで何度もやりとりしたリードであれば、当社のことをよく理解しており、初回訪問の成功確率が高まります。

人間関係をつくって信頼を獲得するのは、営業員が対面で行なうことに変わりありません。商談化に至る手前の集客や育成をデジタルマーケティングで実践して生産性を高めましょう。

営業力強化
➕コラム

お役立ち情報の制作を継続するコツ

お役立ち情報を発行し続けている会社は、多くありません。いったんつくり始めても、営業員があまり配らずに利用されない状態が続くと、やがて制作者も作成をやめてしまいます。

配ると相手から質問されます。それに答えられない営業員は、恥をかいたと感じます。たとえば、７－６項で紹介した石油製品卸売業Ｓ社のマーケットニュースは石油製品の値動きを説明していて、国際情勢や市況の動きを勉強しないと答えられません。人間誰しも、自分が説明できない情報は配りたがりません。そういう習性なのです。

Ｓ社の取り組みでは工夫をこらしました。当時、筆者が月１回出席していた営業会議に、マーケットニュースの議題を必ず入れてもらいました。会議の席で全員に１枚ずつ配り、制作者がその場で説明します。ふだん忙しくて深読みしていない営業員も、この場で熟読します。理解が深まるとお客様に配り始めます。

記事ネタを探してニュースに仕立てる制作者も、自分の努力に対して誰も注目してくれないと、動機づけが薄れてきます。営業会議で制作者に説明してもらったら、筆者は「月２回の発行ペースで半年も続いているのはすばらしい」と手放しでほめます。実際そのとおりですが、社外のコンサルタントがいうことで、社長や営業員は「すごいことをやっているんだ」と再認識します。

Ｓ社ではニュースの制作が３年以上続いています。制作者の責任感、営業員の配布活動、社長の積極的な関与のおかげですが、活動が順調でなかった立ち上げ時期に、ここで述べたような工夫をすることで、企業は羽ばたきます。

渡邉卓（わたなべ　たく）

中小企業診断士。大手機械メーカーで海外営業、新規事業開発、営業統括などに従事した後、現在は株式会社売上ＵＰ研究所 代表取締役。
ビジョン「お客様の永続的な売上ＵＰに向けて、しくみをつくり、ともに歩む」に向けて、営業力強化、事業計画作成、業務改善などの分野で、全国の中堅・中小企業のコンサルティングに加えて、講師、執筆の分野で活躍中。法人営業を行なう企業に対して、経営者の想いを反映した事業計画の構築、強みを活かした売れるしくみづくりに定評がある。
中小企業診断士によるコンサルティング事例発表会である中小企業経営診断シンポジウムで、全国最優秀の中小企業庁長官賞を受賞（令和３年度）。ＡＦＪ日本農業経営大学校 客員教授。東京都中小企業診断士協会認定「営業力を科学する売上ＵＰ研究会」代表。
『事業計画書のつくり方』（あさ出版）、『実戦！　経営戦略』（三修社）（いずれも単著）など著書多数。
＜ホームページ＞　https://sales-up.jp
＜メールアドレス＞　tawatanabe@sales-up.jp

図解で早わかり　営業力強化の基本と手法

2024年５月15日　初版発行

著　者　渡邉卓
発行者　吉溪慎太郎
発行所　株式会社**アニモ出版**
〒162-0832 東京都新宿区岩戸町12 レベッカビル
TEL 03(5206)8505　FAX 03(6265)0130
http://www.animo-pub.co.jp/

ISBN978-4-89795-285-7
印刷・製本：壮光舎印刷　Printed in Japan